本书为"国家社科基金一般项目'重大突发公共事件下企业供应风险免疫机制研究'（20BGL095）"的阶段性成果。

经济管理学术文库·经济类

客户风险的供应链溢出及经济影响研究

Research on Supply Chain Spillovers and Economic impact of Customer Risk

鲍　群／著

经济管理出版社
ECONOMY & MANAGEMENT PUBLISHING HOUSE

图书在版编目（CIP）数据

客户风险的供应链溢出及经济影响研究/鲍群著 . —北京：经济管理出版社，2023. 10
ISBN 978-7-5096-9408-4

Ⅰ. ①客… Ⅱ. ①鲍… Ⅲ. ①上市公司—企业管理—现金流量—风险管理—研究—中国 ②上市公司—供应链管理—研究—中国 Ⅳ. ①F279. 246

中国国家版本馆 CIP 数据核字（2023）第 215333 号

组稿编辑：张巧梅
责任编辑：张巧梅
责任印制：黄章平
责任校对：蔡晓臻

出版发行：经济管理出版社
　　　　　（北京市海淀区北蜂窝 8 号中雅大厦 A 座 11 层　100038）
网　　址：www. E-mp. com. cn
电　　话：（010）51915602
印　　刷：北京晨旭印刷厂
经　　销：新华书店
开　　本：720mm×1000mm/16
印　　张：9.75
字　　数：165 千字
版　　次：2023 年 10 月第 1 版　　2023 年 10 月第 1 次印刷
书　　号：ISBN 978-7-5096-9408-4
定　　价：88. 00 元

前　言

　　客户作为供应链中的下游企业，是企业现金流和企业价值的源泉，企业与客户在日常交易活动中建立的以贸易往来为基础的商业契约关系，使得客户和供应商企业之间形成了"一荣俱荣，一损俱损"的利益共同体关系。这种密切关系会导致当供应链中一家公司面临困境时，风险将沿着供应链条向其他企业进行多米诺骨牌式传染。客户风险揭示了客户现金流下降以及陷入经营危机等现象，这不仅进一步影响了客户对供应商企业的采购行为，同时很可能增加对供应商企业的占款行为，甚至会导致供应商企业无法收回账款。这些因素均可能导致供应商企业面临现金流危机和经营不确定性等风险，并由此给供应商企业带来负面的经济后果。鉴于此，本书利用手工搜集的2007~2021 年 A 股沪深两市上市公司的供应商、客户数据，实证检验企业客户风险的供应链溢出效应，以及企业投融资行为、商业信用调整行为产生的经济后果，并在此基础上探讨企业的客户特征、市场特征及宏观环境等因素的调节作用。研究发现：供应链是企业间风险溢出的重要渠道，客户风险会通过供应链途径对供应商企业产生风险溢出效应，进一步地，客户风险会加剧企业的融资约束，并降低企业的投资效率等经济后果。该研究有助于拓展企业风险的实证边界，深化对企业间风险溢出问题的探索，丰富和促进了供应链理论和企业风险理论内涵。

全书分8章展开讨论：第1章，绪论。第2章，文献综述。分别就供应商客户关系、供应链溢出路径以及客户风险的经济后果等相关内容进行文献梳理及研究述评。第3章，制度背景及理论基础。制度背景主要就客户信息披露制度背景、客户风险信息披露现状以及总体评价进行客观分析；理论基础主要梳理了利益相关者理论、风险传染理论和资源依赖理论等相关理论，为进一步研究客户风险溢出及其经济后果奠定了理论基础。第4章，客户风险的供应链溢出效应。主要从企业融资约束、信用风险以及经营波动等视角出发，提出客户风险的供应链溢出效应及作用机理，并进一步检验客户集中度以及产权性质差异对该溢出效应产生的异质性影响。第5章，客户风险与融资约束。主要研究客户风险对其供应商企业融资约束水平的影响效应及作用机理，从客户风险会降低供应商企业的履约能力以及关系专有资产的抵押价值两个方面探讨作用机理，并进一步检验了货币政策和行业竞争力的差异对二者关系的异质性影响。第6章，客户风险与投资效率。主要研究客户风险对供应商企业的投资效率的影响效应，从企业风险承担的视角探讨其作用机理，并进一步检验了客户集中度、产权性质的差异对二者关系的异质性影响。第7章，客户风险与商业信用动态调整。主要研究商业信用供给的存在性及其动态调整，以及在维持稳固客户关系和风险规避的动机下，客户风险对商业信用动态调整的影响效应，并进一步检验融资约束水平差异对二者关系的异质性影响。第8章，研究结论与政策建议。主要归纳总结本书的研究结论，分别从企业层面和政府层面提出政策建议。

本书研究得出了以下主要结论：第一，在供应链上下游关系中，当客户存在较高的经营风险时，这一负面冲击会传递至供应商企业，导致供应商企业的风险加剧,客户风险的溢出效应在客户集中度上较高和非国有的供应商企业中表现更为显著。第二,基于供应链风险溢出效应,客户风险会增强供应商企业外部融资约束水平,宽松的货币政策和行业竞争力的减小会缓解客户风险引起的供应商企业外部融资约束问题。第三,基于供应链风险溢出效应,客户风险会降低供应商企业风险承担能力,从而导致其投资不足。当客户集中度越高以及供应商和客户企业均为国企时,客户风险对投资不足的正向影响表现更为显著。第四,当客户风险越高时,企业为了维护客户—供应商关系,会减慢商业信用动态调整的速度。尤其是当外部融资约束水平较小时,企业才会乐于延缓商业信用调整速度来帮客户渡过难关。

本书的主要贡献在于:第一,风险溢出相关文献主要聚焦于金融行业、资本市场、企业集团之间,本书从供应链角度探讨风险的溢出效应,展示了客户风险通过"客户—供应商关系"链条影响供应商企业的独特路径,丰富了供应链纵向风险溢出的相关文献研究,为企业间风险防御行为提供了经验证据。第二,从供应链风险溢出视角丰富了融资约束、投资效率的影响因素研究。已有文献大多从投资者、债权人、政府等利益相关者角度探究投融资行为的影响因素,而缺乏从供应链上下游角度进行探索,本书考察客户风险对企业融资约束水平以及投资效率的影响效应,不仅丰富了供应链风险溢出的经济后果,而且拓展了企业投融资行为的研究视域。第三,从动态调整的视角揭示了供应商客户联盟竞合关系的存在性。已有文献大多关注商业信用供给等静态行为,而企业财务决策的动态调整行为更能反映出财务行为实质,本书从动态调整的视角深入分析了客户风险特征对企业商业信用供给行为的影响,证实了供应商和客户联盟竞合关系的存在性。

目　录

第1章 绪论

1.1 研究背景

随着经济全球化和产业多元化发展，供应链成为一种新的发展趋势，企业间合作协同发展更是提升自身竞争力的重要方式，市场竞争也逐步从企业个体竞争转变为供应链间竞争。伴随着供应链热潮的兴起，供应链管理策略也成为了企业的核心竞争战略之一（Chang et al.，2016），先进的现代供应链体系是支持实体经济高质量发展、提振消费、增强国内大循环内生动力和可靠性的重要基础。与此同时，伴随着科技革命和产业变革的蓬勃发展以及公共卫生事件、地缘政治冲突、国际贸易摩擦等突发事件的骤然冲击，我国产业链供应链脆弱性凸显，其安全稳定面临不少困难和挑战。产业链供应链安全稳定是构建新发展格局、实现国内国际双循环的重要保障。2017年10月，国务院专门制定了《积极推进供应链创新与应用的指导意见》，将供应链安全升级至国家战略层面，党的二十大报告明确提出"要着力提升产业链供应链韧性和安全水平"。2022 年中央经济工作会议也要求，"产业政策要发展和安全并举"，"着力补强产业链薄弱环节"，"保证产业体系自主可控和安全可靠，确保国民经济循环畅通"。2023 年 3 月全国两会期间，多位代表委员也认为"要增强产业链供应链韧性，点、线、面需多管齐下，增强重点产业链供应链韧性和安全水平"。由此可见，提升重点产业链供应链韧性和安全水平已经上升到国家利益和国家安全的高度，也是实现中国式现代化的重要保障。在这些发展思路的指引下，如何提升供应链上企业的自主可控能力显得尤为重要。

在供应链管理过程中，供应商可以通过与合作伙伴的配合，达到供应链上下游间的有效协同，更好地了解市场供给和需求变化，掌握更多供应链信息资源，更好地改善上市公司的经营战略，强化上下游之间的深度合作，促进供应链整体竞争力的提升。与此同时，供应商与客户是"一荣俱荣、一损俱损"的利益共同体，随着供应链上下游企业关系的日益紧密，一旦下游客户受经营风险的影响，上游企业往往也难以"独善其身"。如恒大的经营危机给整个产业链带来了负面影响，恒大通过逾期票据、拖欠账款等手段，将债务违约风险转移给其数家供应商企业，导致广田股份等一众供应商企业出现大量坏账、利润下降及信用危机等一系列问题，使供应商深陷债务泥潭。因此，供应商在进行财务决策时，更应该密切关注客户的潜在风险，重视资金、信息、物流等运转不畅和信息割裂的现象，形成风险的防范意识，这不仅是提高企业自身抗风险能力的基础，也是强化供应链韧性，实现上下游、产供销的有效衔接，以及畅通国内大循环的重要保障。

大量研究表明，当供应链节点企业面临风险或陷入困境时，风险会通过资金流、信息流以及物流作为载体向上下游企业传导，引发"多米诺骨牌效应"，对供应链上下游的经营活动以及资本市场表现会带来负面影响（Ace-moglu et al.，2012）。在物流传导方面，下游企业在产品需求以及运营中暴露出的违约风险会通过其决策负面影响供应商企业的产品生产、库存管理、新产品的研发等（许江波和卿小权，2019），当客户依赖性越大或者关系专用投资越多时，这种风险传导效应会越强烈。在资金流传导方面，当下游企业面临经营或财务困境时，会通过占用更多商业信用或者延长信用期限等方式将自身的流动性风险传递给上游企业，从而加剧上游企业现金流风险（鲁建坤等，2023）。在信息流传导方面，生产网络存在集体声誉效应，导致下游企业出现违约或呈现较高违约风险时对上游企业造成声誉冲击效应（Bai et al.，2022），从而影响上游企业银行信贷（Hertzel et al.，2012）以及资本市场融资（彭旋和王雄元，2018）等。此外，根据委托代理理论，当面对客户潜在违约风险时，管理者为了追求自身利益及声誉，很可能会通过利润操纵行为、内部人侵占或者非理性的财务决策等机会主义行为去追求业绩的持续性，加剧了代理问题。

以上文献为深入理解供应链上下游风险纵向传染提供了研究基础，然而专门研究客户风险在供应链上下游间的传染效应以及经济后果的文献较少，已有研究更聚焦于财务或资本市场风险在上下游之间通过信息流、资金流和物流的某一方面的传导作用，但作为企业经营风险，其特征有别于财务或资本市场风险特征，其供应链传染效应的作用机理以及对企业投融资以及营运资本配置等主要财务行为的影响仍有待深入研究。同时，中国独有的制度经济环境使得企业在资源禀赋、政策环境以及关系依赖程度等多方面都存在差异，那么，在不同产权性质、市场竞争环境、客户依赖程度等情况下，客户风险供应链溢出效应是否有所差异？其所产生的经济后果是否有所不同？这些问题都值得进一步研究。综上，本书基于供应链视角，重点分析客户风险的跨企业的经济后果，剖析客户风险的供应链溢出效应，客户风险对供应商企业的投资行为、融资行为以及商业信用动态调整行为的影响和作用机制，从供应链安全的角度为企业在复杂市场环境中增强主观能动性，保障长期可持续发展提供参考。

1.2 研究意义

1.2.1 理论意义

第一，本书拓展了企业风险供应链溢出效应相关的研究。已有文献主要从金融行业、资本市场、企业集团视角研究对企业风险溢出效应，本书基于供应链管理理论研究视角，考察客户风险在供应链上下游间跨企业的溢出效应以及经济后果，展示了客户风险通过"客户—供应商关系"链条影响供应商企业的独特路径，丰富了企业风险溢出的相关文献研究，为企业间风险防御行为提供了经验证据。

第二，本书从供应链风险溢出视角丰富了融资约束、投资效率的影响因素研究。已有文献大多从投资者、债权人、政府等利益相关者角度探究对投融资行为的影响因素，而缺乏从供应链上下游角度进行探索，本书考察客户风险对企业融资约束水平以及投资效率的影响效应，研究不仅丰富了供应链风险溢出的经济后果，而且拓展了企业投融资行为的研究思路。

第三，本书从动态调整的视角揭示了供应商客户联盟竞合关系的存在性。

已有文献大多关注商业信用供给等静态行为，而企业财务决策动态调整行为更能反映出财务行为实质，本书从动态调整的视角深入分析了客户风险特征对企业商业信用供给行为的影响，证实了供应商和客户联盟竞合关系的存在性。

1.2.2 现实意义

第一，本书从产品市场行为主体视角深入剖析客户风险的供应链溢出效应及经济后果，结论证实了企业客户风险会沿着供应链渠道产生风险溢出效应，从而影响企业投融资行为以及商业信用调整行为，有利于企业更好地理解和应对客户风险的负面传染，从供应链安全的角度为企业在复杂市场环境中增强主观能动性，保障长期可持续发展提供参考。

第二，本书考察了在不同产权性质、客户议价能力、货币政策与行业竞争力等因素的影响下，对客户风险的供应链溢出效应以及其经济后果的差异性作用，结论有助于打开债务违约风险在供应链企业间作用的"黑箱"，为政策制定者构建科学有效的风险管理体系，强化供应链韧性，维护金融稳定提供启示和参考。

1.3 研究思路与研究方法

1.3.1 研究思路

本书立足于我国"关系型社会"的转型经济背景，深入剖析客户风险的供应链溢出问题及其产生的经济后果，并探索风险传导的作用机理。

首先，介绍本书的研究背景，在此基础上提出相关研究问题，并对本书的理论及实践意义、研究思路及方法、研究内容及创新点等加以阐述；介绍本书的文献综述，主要回顾了供应商客户关系、供应链溢出路径以及客户风险的经济后果等相关文献，并在此基础上进行文献述评；介绍制度背景及理论基础。从客户信息披露制度、客户风险信息披露现状以及市场客户风险总体评价方面对该主题的制度背景进行梳理，从利益相关者理论、风险传染理论和资源依赖理论等阐述了该书的理论基础。其次，分析客户风险的供应链溢出效应及经济后果的内在机理和具体路径，包括客户风险的供应链溢出效应的存在性，客户风险对供应商企业投资效率的影响，客户风险对企业融资约束的影响，客户风险对企业商业信用动态调整行为的影响。再次，进一步检验了企业产权性质、客户议价能力、货币政策和行业竞争力等不同特征下企业客户风险对供应商企业风险溢出效应、供应商企业融资约束水平以及供应商企业的投资效率、商业信用调整行为的异质性影响。最后，依据研究内容，总结本书的研究结论，在此基础上向企业内部管理者、外部监督者和其他利益相关者提出政策与建议。

1.3.2 研究方法

为了更加详细地了解供应链上下游企业间沟通合作带来的经济效应，在已有相关研究结论的前提下，展开对客户风险对供应商企业经营风险、投融资行为影响的研究，本书运用的研究方法如下：

一是文献研究法。在研究的初始阶段，充分利用互联网电子图书、互联网数据库等资源，借鉴中国知网上的学术期刊，同时大量阅读行业的最新政策、年度报告等，并结合当下的时事热点，通过广泛的文献检索，确定大致的研究方向为探究企业客户风险的供应链溢出问题以及对企业投融资行为产生的经济后果，即提出本书的研究问题。同时，通过文献研究法对相关的文献进行阅读、整理、分析和归纳，尽可能全面地阅读和了解所要研究的相关方面的文献，理清研究思路，以现有的国内外学术研究结果为基础，具体梳理了供应商客户关系、供应链溢出效应、客户风险的经济后果，进一步详细评述企业客户风险溢出的相关研究，为文章内容的展开提供文献支撑，为后续研究假设的提出提供理论依据。

二是理论研究法。本书在文献研究的基础上，以利益相关者理论、风险传染理论和资源依赖理论三大理论为主要依据，与本书研究问题相结合，并对其进行归纳总结，即在后续理论分析与研究假设部分采用理论研究的方法，来为本书的研究假设演绎提供理论支撑，具体对企业客户风险的供应链溢出问题的相关经济理论进行逻辑分析，进而推导得出本书主要研究内容，即客户企业风险与供应商企业经营风险之间的内在关联，并进一步拓展分析了客户风险对供应商企业造成的经济后果，以及阐述应收账款等因素可能是其存在的传导机理，并从客户企业特征、宏观环境等因素分析不同情境下客户风险的溢出效应是否存在差异。

三是实证研究法。本书以研究假设为出发点，手工收集供应商企业、客户企业均为上市公司的样本数据，并进行定量检验和实证分析。首先，本书选取了我国沪深 A 股上市公司为研究对象，借鉴已有文献研究，构建主要变量的衡量指标，其中主要用资产收益率的波动程度和 Z 指数衡量核心解释变量的客户风险，再构建科学合理的面板数据模型。其次，通过对收集的数据进行描述性、相关性分析，阐述选取的样本数据有效性，后续进行具体的多元回归分析，检验客户企业的经营风险能否传染至上游企业，并进一步进行中介机制和调节机制检验，以检验客户风险具体的作用机理。此外，为了保证实证分析结果的可靠性，进行了替换被解释变量和解释变量、替换模型等多样的稳健性检验，以及工具变量法、Heckman 两阶段法等内生性检验。

1.4　研究内容与框架结构

本书研究内容主要围绕企业客户风险的供应链溢出问题、对企业投融资行为产生的经济后果以及如何动态调整企业商业信用，并在此基础上探讨企业的客户特征、宏观环境等因素的调节作用。具体分为以下八个部分：

第 1 章为绪论，总括全文。首先阐述研究背景，在此基础上提出主要的研究问题，概括说明本书研究的理论和实践意义、研究思路、研究内容、逻辑框架、研究方法以及整体研究的创新点。

第 2 章为文献综述。主要围绕企业客户风险的供应链溢出问题以及其对企业行为的经济后果展开，主要对国内外有关供应商客户关系、供应链溢出路径、客户风险的经济后果等方面的文献进行梳理和文献综述，了解研究脉络并探讨最新研究成果，通过国内外文献综述的梳理，明确本书的研究任务和重点，为本书的研究假设和实证分析提供理论依据。

第 3 章为制度背景及理论基础。介绍客户风险信息披露制度、客户风险信息披露现状以及对市场客户风险的总体评价，理论基础主要包括利益相关者理论、风险传染理论和资源依赖理论等，为本书的研究假设与实证分析提供立足点。

第 4 章为客户风险的供应链溢出效应。主要研究客户风险的供应链溢出问题，同时探讨了不同企业的客户集中度和企业产权性质因素，以及对客户风险的供应链溢出的异质性影响。

第 5 章为客户风险与融资约束。以企业投资效率作为核心被解释变量，考察客户风险对企业的经济后果，检验了供应商企业的融资约束和企业风险在客户风险对供应商企业投资效率影响的中介作用，同时探讨了不同企业的客户集中度和企业产权性质因素对二者关系的异质性影响。

第 6 章为客户风险与投资效率。以企业融资约束作为研究因变量，考察客户风险对企业融资约束水平的影响，以及检验了货币政策和行业竞争力对客户风险与企业融资约束水平之间关系的异质性影响。

第 7 章为客户风险与商业信用动态调整。主要围绕企业商业信用调整行为进行探讨，考察企业是否存在最优的商业信用供给，以及客户风险对商业信用调整速度的影响，进一步检验融资约束程度能否对客户风险与商业信用调整之间关系产生异质性效应。

第 8 章为研究结论与政策建议。通过对前文的研究假设和回归结果的分析，得出本书的主要研究结论，概括说明实证结论的主要内容，并有针对性地给企业管理者、市场监管者和外部投资者提出建议。

综合本书的研究内容与研究思路，构建如图 1-1 所示的框架结构。

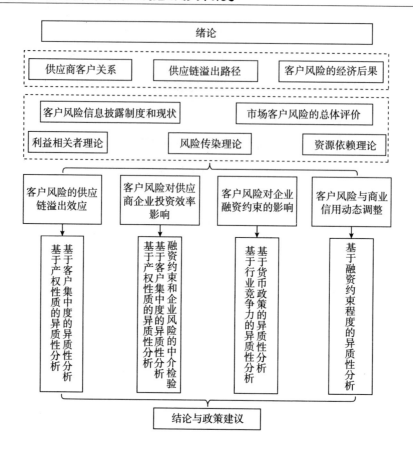

图 1-1　框架结构图

1.5　研究创新点

本书从供应链嵌入视角出发，全面剖析了客户风险的供应链溢出效应及其作用机理，进一步研究客户风险溢出对企业投融资行为以及商业信用调整等行为的经济后果，并探寻不同客户性质、市场特征和宏观因素条件下这种影响存在的差异性，继而提出有针对性的政策建议。该研究立足于我国制度背景，研究逻辑清晰全面，对供应链风险管理理论以及企业财务相关理论的研究具有重要的启示。具体的创新点主要有以下几个方面：

第一，为企业经营风险相关文献研究提供了新的视角。已有研究从宏观环境、金融行业、资本市场、企业集团等视角探讨对企业经营风险的影响，而从供应链上下游纵向价值链出发，对企业风险进行系统研究较为缺乏。本书基于供应链管理理论研究视角，考察客户风险在供应链上下游间跨企业的溢出效应以及经济后果，展示了客户风险通过"客户—供应商关系"链条影响供应商企业的独特路径，丰富了企业风险溢出的相关文献研究。

第二，拓宽了非利益相关者对企业投资效率影响的研究思路。以往研究多集中于企业客户集中度这一客户风险特征的研究，考察企业的客户集中度对企业投融资行为产生的影响。本书以企业客户风险为出发点，利用供应链数据研究客户风险与企业非效率投资的关系，分别从融资约束和企业风险两方面具体探究客户风险作用于供应商企业投资效率的作用路径，本书补充了企业非效率投资影响因素方面的相关研究。

第三，丰富了非利益相关者对企业融资约束影响的相关文献。已有文献大多从企业内部特征、宏观经济政策和市场完善等角度探究融资约束影响因素，本书从客户风险的角度，考察客户风险与企业融资约束之间的关系，基于供应链跨企业间风险传导机制，深化了基于供应链纵向传递的财务信息和非财务信息对外部利益相关者行为决策的影响研究。

第四，从动态调整的视角为供应商客户联盟竞合关系的存在提供新的证据。已有文献大多关注商业信用供给等静态行为，而企业财务决策动态调整行为更能反映出财务行为实质，本书从动态调整的视角深入分析了客户风险特征对企业商业信用供给行为的影响，证实了供应商和客户联盟竞合关系的存在性。

第 2 章　文献综述

2.1　供应商客户关系相关文献

供应商和客户作为供应链的重要组成部分，是企业重要的外部利益相关者，企业的绩效和决策行为等都受其影响。现有研究对于供应链关系对企业经营决策影响的重视程度不断提高，主要从供应商客户关系的利益协同作用和供应商客户关系的风险联动特征等方面入手。

从供应链关系的利益协同视角来看，维护供应商客户的良好关系有利于企业的多方面发展。第一，紧密且良好的供应商客户关系有助于企业提升其创新能力。Krolikowski 和 Yuan（2017）从客户关系和议价能力两个方面研究发现，企业和客户的关系越紧密，两者的依赖程度就越高，也就越会激发供应商企业在研发上投入更多，更富有创新性。并且对上下游依赖程度越高的企业，创新活动越多，越倾向于采取盈余管理的手段来帮助企业提高声誉

（张勇，2017），促进企业供应链的有效整合。供应链上下游企业之间进行协作，有利于提高企业创新绩效，促进企业产品和技术上的创新（徐可等，2015）。供应商—客户的地理邻近性能够增加供应商企业创新的意愿（Chu et al.，2019），提高企业专有性资产的投入，促进上游企业创新。在生产网络中，大客户对于创新吸收能力更强的供应商企业的创新溢出效应更加明显（陈胜蓝和刘晓玲，2021）。在协同视角下供应链关系中，供应商和客户参与技术创新程度可以提升研发的目标性和针对性，便于企业快速地应对外部环境的变化，降低研发成本的支出，促进企业创新绩效的提升（张耀辉和彭红兰，2010；马文聪和朱桂龙，2013）。第二，建立合作型供应链关系可以为企业提供整合供应链资源的机会，集中程度较高的供应链关系能够在企业之间实现"同舟共济"的互助监督效应（殷俊明等，2022）。李艳平等（2016）研究发现，在不活跃的经济资本市场中，供应商集中度高的企业会加大供应链整合力度，增加企业的现金持有量。并且，较为紧密的供应商客户关系还能够实现上下游企业间的信息共享（Chen et al.，2004）、提高资源调整速度、降低成本黏性（殷俊明等，2022）以及层级组织内的代理成本。维护良性的大客户关系有助于稳定供应链，增强企业收益稳定性（Gosman et al.，2004）、提高存货管理效率和应收账款回收性。基于"体恤"动机，越稳定的大客户关系对于企业商业信用的占用越少（王雄元等，2015），可能会通过缩短账期和提高资金周转率的手段来抵御供应链成员间的流动性危机（黄秋萍等，2014），这会降低企业银行贷款利率、增加贷款期限，便于企业权益融资（陈峻等，2015）。此外，信息溢出效应和传递功能在良好稳定的供应链关系中更为明显，能够有效缓解银企之间的信息不对称程度（王迪等，2016）、提升会计信息质量（邱保印和程博，2022）、提高分析师对企业盈余预测的准确性（王雄元和彭旋，2016）。相似地，王永青等（2019）发现，企业所处的地区金融水平越高，供应链整合将向银行发出低违约风险的良好信号，以提高银行的放贷意愿。第三，构建与供应商或客户的紧密联系，有助于促进供应链上下游企业间的有效衔接，给企业的经营绩效带来积极的影响。Dennis 等（2007）通过对供应链关系与绩效的研究，发现供应链协同作用会加强企业与供应商之间的联系，进一步降低内部整合成本，从而促进供应链绩效的增加。并且，供应链上下游的相互合作能有效提高销售毛利率、加快资金周转率、减少期间费用，从而提高企业的财务绩效（陈正林和王彧，2014）。拥有越紧密供应链关系的企业对于资金的利用率也就越高，能以最低的成本获取较高的利润（Patatoukas，2012）。Lee 和 Rhee（2011）认为，上下游企业间的协作不仅需要客户进行降价补贴，还需要提供商业信用，以此来帮助企业达到利益最大化，提高企业的经营绩效。然而供应链关系也为企业间的风险传染埋下隐患。

从供应商客户关系的风险联动特征来看，由于供应链需求机制，客户对上游企业的风险有着显著的影响。一方面，受制于供应链网络中多方的利益诉求，强势的供应链成员可能会通过供应链关系渠道转嫁自身风险，比如，大客户会选择牺牲上游企业的利益来维护自身经济利益（白俊等，2022）。现有研究表明，随着公司对大客户依赖程度的增加，会降低盈利能力、提高审计费用（王雄元等，2014）、增加获得持续经营审计意见的可能性（Dhali-wal et al.，2020）、提高公司债券信用利差（王雄元和高开娟，2017），以及引发机会主义行为的产生（Pfeffer 和 Salancik，2003）。然而中断供应链关系是规避供应链企业间风险传染最为直接的方式。因此，大客户随时可能停止交易或与同行业竞争对手建立密切的合作关系，严重影响供应商企业良好的经营状况和财务业绩（Maksimovic 和 Titman，1991），但主要客户的流失会严重损害企业的经营业绩（Papadakis et al.，2013）、增加企业现金流风险

（Kim et al.，2015）、提高公司债务水平（Kale 和 Shahrur，2007），进而可能引发供应商企业陷入财务危机。另一方面，受制于供应链网络中的风险特征，企业与上游供应商的合作关系在产业链供应链网络中变得日益紧密，使得上游供应商受风险影响时下游企业往往难以"独善其身"，导致供应链易出现"一损俱损"的风险联动性。已有研究表明，客户会通过供应链路径对企业产生负面的信息以及资金溢出效应（Bao et al.，2022），进而加剧供应商企业的信用风险（David，2022），导致资金流短缺（Hertzel et al.，2008）、降低投资效率（毛志宏等，2021）以及破坏会计信息稳健性（向锐等，2020）等。彭旋和王雄元（2018）发现，越稳定、越专有且越良性的供应链关系，其股价崩盘风险对于上游企业的传染效应更强烈。在集中的供应链关系中，掌握关键原材料的供应商会提高供应商的议价能力（唐跃军，2009），可能会利用自身占优势的谈判权要求企业投入更多关系的专用性资产（Gosman 和 Kohlbeck，2009）。但前期与后期的专用资产投资之间会产生相互套牢的风险，引发供应链成员之间的代理问题，形成上下游企业之间合作不足、相互侵占利润空间以及转嫁成本等问题，使其争夺有限的信息资源与利益空间，从而导致企业在面临低营业收入和陷入资金窘境时无法及时降低成本，增大企业的成本黏性（殷俊明等，2022）。另外，大客户相对于小客户更具有较高的谈判能力，而较为集中的大客户凭借其较高的议价能力会不断挤压公司利润，更可能会要求企业降低销售价格、延长商业信用以及蚕食企业的利润空间（Gosman，2004；Piercy 和 Lane，2006），导致企业存在被采购较为集中的客户"敲竹杠"，加剧企业经营风险。因此，大客户风险会降低企业的财务绩效（Chen，2018）。特别是在供应链集中度较高的情况下，一旦供应链关系中的某一方出现风险，与其有着密切关系的另一方的资金流就会受其影响，现金流的不确定性和风险的增加，会迅速而严重地限制企业的可持续经营（何捷和陆正飞，2020），还会导致企业的股价下跌（Hertzel et al.，2007）。

2.2 供应链溢出路径的相关文献

溢出效应的本质是一种外部效应，组织某项活动的效果会传播到其他组织、人或社会（Durnev et al.，2020），而供应链的溢出效应是由于供应链成员之间相互依赖的密切关系所造成的。Javorcik（2004）最早提出的供应链溢出效应，认为由于供应链成员之间的密切合作，某个企业行为的经济后果会遍及整个供应链，即上下游成员之间有着"一荣俱荣，一损俱损"的关系（Ute，1991）。现有关于供应链溢出效应的研究主要围绕以下三方面：物流溢出效应、信息流溢出效应以及资金流溢出效应。

从供应链物流溢出层面来看，由于供应链中需求端和供应端的链路较长，导致供应链需求信息在传递过程中被某些环节异常放大或缩小，从而引起自下而上的牛鞭效应和自上而下的瀑布效应。一方面，供应链成员通常不希望与其他所有成员毫无保留地共享其私有信息，因而故意扭曲夸大供应链中的信息需求，引发下游企业传递至上游的牛鞭效应。Lee 等（1997）认为，供应链中的信息以"订单"形式传递会扭曲真实需求，并且失真的程度会随着向上游的移动而增大，进而加剧客户—供应商之间的"牛鞭效应"。而牛鞭效应的存在与供应链中信息不对称问题息息相关，当下游客户故意夸大需求时会增大与供应商之间的"信息鸿沟"，损害供应商的投资效率，导致供应商过度投资（陈涛琴等，2021）。已有研究表明，供应链信息共享和高质量的客户盈余信息能够降低供应商具有过度投资倾向的投资水平（陈涛琴等，

2021)、提高供应商投资效率和预测精度、缓解牛鞭效应（卢继周等，2017；Cui et al.，2015）。杨志强等（2020）研究发现，客户信息披露对供应商企业具有明显的治理效应，客户信息披露质量越高，越能缓解供应商供需波动偏离的牛鞭效应。Marc 等（2019）通过对文献的文本分析发现，信息物理系统、云计算和人工智能这三种数字技术能够对牛鞭效应产生积极的影响。此外，李青原等（2023）认为，客户企业进行数字化转型能够对供应商信息环境产生显著的正向效应，通过降低获取大客户的信息成本，促使供应商作出独特的战略决策，从而弱化供应链中的"牛鞭效应"，提高供应商的生产效率。另一方面，Acemoglu 等（2012）首次发现，在供应链物流溢出过程中，当中间产品的替代程度较低以及信息不对称程度较高时，处于上游企业经营条件的波动对供应链生产力的影响将逐渐向下游企业扩展，即自上而下的瀑布效应。一般来说，供应商可以通过公开和私有的方式来获取大客户的基本信息，但财务报表披露的信息是其获取低成本客户信息的主要方式（杨洁等，2021）。而客户信息披露质量越高，尤其在客户采购份额较大时，对于削弱公开信息搜寻与私有信息渠道之间的替代效应越明显（杨志强等，2020）。此外，还有学者发现，当企业经营波动受到较强的外力冲击时，其产生的负面影响也会蔓延到供应链的上下游企业（Saito et al.，2014），而中间品专用性越高的供应商企业所受的负面影响，对其客户销售市场和市场价值的瀑布传染效应越强（Barrot et al.，2020）。

从供应链信息流溢出层面来看，供应链成员之间形成物流、知识流、资金流和信息流的纵向价值链，促使上下游企业间具有信息价值高度相关性以及经营决策联动性。学者们认为，客户信息会影响上游供应商企业的经济活动，主要包括企业的商业信用规模（张黎珺等，2016）、现金持有水平（赵秀云和鲍群，2014）、信贷融资成本（王勇，2019）、投资效率（陈运森，

2015)、企业盈利能力（裴志伟和陈典发，2016）等。一是企业通过与客户的人员交流、信息分享及技术合作等所建立起的非正式关系，获取企业所需的有效信息，促进企业创新，优化资源配置效率，进而有利于企业价值增长（况学文等，2019）。王雄元和高曦（2017）研究客户盈余公告后的市场反应以及对供应商的信息传染效应，结论表明，客户盈余公告在供应链上具有纵向传染效应，且供应商股价会随着客户股价同向波动。Cheng 等（2014）还发现，供应商股价波动后会发生回转现象。由于客户的信息溢出对下游供应商企业具有信号导向作用，企业主要客户的股票回报率还能够引导供应商企业的股票回报，投资者可通过观察客户股票收益率进而对供应商的股票回报率进行预测（Cohen et al.，2008），也能通过使用供应链一端的特征信息来预测另一端企业的未来现金流，从而判断其未来经营状况和发展前景（Foster，1981）。换言之，客户企业风险信息披露不仅反映了客户自身经营业绩与财务状况，也预示着下游供应商企业的未来发展情况，有助于增加供应商企业研发投入（徐倩倩和朱淑珍，2022），促进企业创新，提高企业的投资效率（Chen et al.，2019）。除负面信息外，客户的正面财务信息对供应商的行为决策也会产生影响。彭旋和王雄元（2016）发现，客户主动进行信息披露能有效降低供应商企业的股价崩盘风险，尤其在企业信息透明度高、公司治理较差的情况下，该效应更加显著。客户信息披露的质量越高，就越能够降低供应链上的信息不对称程度，从而削弱上下游成员之间因供需不平衡而产生的牛鞭效应（杨志强等，2020）。进一步地，有学者发现客户会计稳健性的提高能明显降低企业债务成本、提高供应商企业的银行信用等级（王唯可和李刚，2020）。殷枫和张婧瑶（2022）认为，大客户信息透明度的提升对上游企业的投资效率有着积极的正向影响作用，通过加大对研发资金的投入能够有效抑制企业的过度投资。此外，媒体和分析师对供应链成员的密切关注和跟踪能有效抑制供应商隐藏坏消息的动机（陈志锋和陈瑜阳，2022），降低企业股价崩盘风险，提高分析师对供应商盈余预测的准确性（Guan et al.，2015；Luo 和 Nagarajan，2015）。二是供应链的信息溢出对上下游企业不仅有积极的影响，还会产生负面的溢出效应。伴随着供应链上下游之间经济业务的日益紧密，使得大客户经营状况出现较高的不确定性甚至陷入危机时，供应商企业也将陷入破产困境（Itzkowitz，2013；Bode 和 Wagner，2015），若集团内某一成员出现较差的经营状况时，同时会导致其他成员现金流减少，债务融资成本增加（黄俊等，2013），从而恶化关联企业的经营绩效。许江波和卿小权（2019）研究发现，下游僵尸客户企业发布包含困境信息的公告，其下游企业会受其波及，导致供应商的股价下跌。王勇（2019）考察了客户公开的债务水平信息对供应商企业信贷契约价格条款的影响，研究结果表明，客户的负债水平会影响供应商企业的信贷融资成本，且两者呈现显著正相关关系。另外，生产网络存在一种集体声誉效应，这种集体声誉效应极有可能在客户出现违约或呈现较高违约风险时对供应商造成基于供应链的集体声誉冲击效应（Bai et al.，2022），会引起媒体或者资本市场参与者的关注，并将其对企业不良认知扩散到供应链合作伙伴，影响其股票市场表现（彭旋和王雄元，2018）。而媒体对供应链上下游企业的新闻报道也会产生信息溢出效应，Jacobs 和 Singhal（2020）研究了大众汽车的排放丑闻曝光对其上下游企业的负面影响。结果表明，大众汽车的排放丑闻曝光不仅致使自身的股价暴跌，与其建立经济联系的供应商和欧洲客户企业的股价也随之下跌。由此可看出，危机企业与其合作伙伴是不可分割的利益共同体，企业的危机事件对于供应链成员的股价会产生巨大的负面影响，当企业受到负面事件的波及时，很有可能会将自身的风险转嫁至与其建立合作关系的供应商和客户企业（王筱纶和顾洁，2019）。三是客户的季度盈余公告对供应商的短期股价也会产生影响（Pandit et al.，2011）。殷枫和贾竞岳（2017）实证检验了大客户盈余管理与供应商企业非效率投资之间的关系，研究发现，大客户的盈余管理行为会促使企业的非效率投资，更进一步，大客户的正向盈余管理会促使供应商的过度投资行为，负向盈余管理会导致供应商企业的投资不足。王雄元和高曦（2017）研究了盈余差、经营状况不佳的企业对其供应商股价的影响，发现客户企业有着较差的盈余管理会减少其来年的原材料采购量，而外部投资者会据此来预测供应商未来的业绩也会随之下降，从而导致供应商股价下跌。并且客户企业进行盈余重述可能会导致供应商终止与其合作关系，尤其是在企业规模较小和与客户经济联系不强的情况下，该现象更为明显（Kang et al.，2012）。Raman 和 Shahrur（2008）认为，供应链上某一成员进行盈余管理会对供应链关系持续时间产生不利影响，破坏供应链关系的持续性，甚至扭曲了上下游企业对该企业前景的看法，扩大了企业研发投资规模。此外，Nichols 等（2019）成功利用信息溢出效应将企业可持续实践与客户对产品质量的感知建立联系，研究结果表明，公司可持续实践的失败显著降低了客户对产品质量的预期，从而降低了客户购买产品的意愿。

从供应链资金流溢出层面来看，供应商与客户之间的密切关系会使得供应链中某个成员的资金流出现问题，资金链上其他成员的资金流也会受之影响，并通过密切的交易关系将这一负面影响蔓延至供应链上下游。一方面，在供应链关系中，客户企业位于供应商企业价值链的末端，是下游供应商企业资金流的源泉，客户资金流状况的好坏会影响供应商的财务状况以及宏观经济运行状况（Kiyotaki et al.，1997）。而供应链上下游企业会根据自身的财务状态来优化企业内部的资源配置效率，并通过调整自身商业信用来引起上下游企业现金流的波动（杨洁等，2021）。已有研究发现，客户面临风险的大小直接决定着其还款能力的强弱，当客户风险较大时，其违反契约的威胁也较高（David，2022），很有可能无法按期偿还货款或者无力偿还货款，使得供应商企业发放的商业信用可能会形成坏账，引发资金流变动，增加企业的信用风险（白俊等，2022）。具体来说，如果客户无法归还应付账款，不仅增加了供应商企业的商业期限和坏账风险，还降低了供应商企业的资金周转率，最终造成其未来现金流的损失，增加其风险水平（鲍群和毛亚男，2020）。而且僵尸客户企业的财务危机状况所导致的财务风险会沿着供应链资金流传染给上游供应商企业，增加上游企业应收账款坏账损失风险，降低应收账款周转率，从而造成供应商资金流短缺（许江波和卿小权，2019），减缓商业信用的调整速度（鲍群和汪菊英，2021）。徐晓燕和孙燕红（2008）利用数值模拟方式检验了资金短缺的企业对其供应商的溢出效应，发现因资金不足而陷入财务困境的客户企业会出现拖欠应付账款的现象，从而增加了供应商的财务风险。另外，处于高客户集中度下的供应链成员关系越紧密，客户财务风险对于供应商企业资金流的负面影响也越严重（徐晨阳和王满，2017）。客户集中度越高意味着该客户越重要，供应商也就越依赖该客户，资金回收速度越低（Patatoukas，2012），现金流风险越高，越可能陷入财务困境（Wang，2012）。如果主要客户选择违约、中断交易，那么问题客户的应收账款将面临无法收回的风险，供应商企业出现坏账的概率大大提高，经营利润和现金流也将大幅度减少（Hertzel et al.，2008），进一步增加供应商企业的财务风险和破产风险。Houston 等（2016）还发现，客户的破产风险会沿着供应链这一路径将其风险传染至供应商企业，增加供应商融资难度，并且随着客户与供应商合作关系的加深，融资难度进一步加大。此外，有学者实证检验了供应商的流动性危机对客户企业商业信用的影响，结论表明，处于流动性危机中的供应商会减少对客户商业信用的提供，导致资金流溢出效应在供应链上蔓延。尤其是在供应链集中度较大的情形中，一旦客户陷入困境，上游企业的资金流受其波及就会变得紧张，可能会迅速且严重地限制企业的可持续经营（何捷和陆正飞，2020），甚至会导致供应商的股价下跌（Hertzel et al.，2008）。另一方面，财务状况好转的资金流溢出在供应链上有着正向的溢出效应。供应商可以通过降低自身的资本成本和增强融资能力来提高供应商向客户提供商业信贷的能力，以此来增加主要大客户的黏性（石晓军等，2016）。而且财力雄厚的企业会向关联供应商企业和客户传递资金流动性（Hofman 和 Sertori，2020），主要通过商业信用将流动性传递给上下游企业（Kutsuna et al.，2016）。现有研究表明，客户集中度具有"公司治理"效应，能够给予公司商业信用积极影响，促进供应链资源整合。客户集中度高、持续披露环境信息的企业，供应商更愿意给企业提供规模更大、期限更长的商业信用融资（曹海敏和乔毓文，2023）。但是，当经济政策不确定性上升时，客户集中度越低的企业，供应商越愿意向其提供更多的商业信用（杨立和等，2023），以此缓解客户面临的资金流困境。

2.3 客户风险的经济后果相关文献

客户作为企业重要的隐性契约利益相关者之一，对企业起着双刃剑的作用（况学文等，2019）。既是企业实现自身价值的最终源泉，也是风险传染的重要渠道。客户与供应商之间的密切关系会使一方在面临困境时，另一方也不能独善其身。也就是说，供应商企业和客户企业之间存在的担保关系往往会使得客户将其风险传递给上游企业，导致供应商企业的财务状况和资本结构受到严重影响，进而加剧供应商企业风险。目前，关于客户风险所造成的经济后果研究主要从三个方面展开，即对企业经营的风险传染、外部融资的风险溢出以及股票市场的风险影响。

首先，客户风险会加剧供应商的经营风险。有学者认为，客户风险对供应商的经营风险具有溢出效应，尤其是在非国有、客户集中度较高的企业中，该溢出效应更明显（鲍群和毛亚男，2020）。在客户遭遇经营风险时，很大可能会通过供应链将风险传导给供应商企业，企业因此会面临坏账损失和违约风险，造成较高的坏账成本（滕飞和夏雪等，2020）。而企业为了避免陷入财务困境，会加快商业信用的动态调整以摆脱危机。另外，由于客户和供应商之间存在信息不对称问题，使得客户在面临财务困境时可能会选择隐瞒事实并误导对方继续维持关系，当供应商想要通过中断关系来规避客户的违约给其带来的影响时，可能已经为时已晚。而且供应商与客户中止旧关系会产生一定的沉没成本，重新寻找新的客户也需要时间和转换成本，这些都可能导致产品的积压和市场份额的减少，而同时财务风险较高的客户会在产品价格、存货水平以及付款方式等方面对供应商施加压力（Fabbri 和 Klapper，2016），进而减缓企业商业信用动态调整速度（鲍群等，2021），降低企业资金周转率和杠杆率（Demirci et al.，2015），使得供应商的经营风险和信用风险进一步加大（彭旋和王雄元，2018；David et al.，2016）。当客户面临较高的财务风险时，其违反交易契约的可能性较大，一旦客户不得不中断交易，供应商企业可能会因为未来现金流量的潜在损失面临更高的信用风险（David，2022），进而导致供应商企业陷入经营困境。周文婷和冯晨（2022）实证检验了僵尸化的客户企业对其上游企业的影响，研究结果表明，僵尸化企业对于原材料的需求量将会大幅度减少，伴随供应链上严重的信息不对称，加剧了上游企业生产决策的不确定性，增加了供应商企业的经营风险，从而导致供应商产能过剩。进一步地，当客户陷入声誉危机（Files 和 Gurun，

2018）、财务状况不佳（Campello et al.，2017）或进入破产程序（Houston et al.，2016）时，供应商企业不仅要遭受巨额的坏账损失和较高的贷款利率，还要面临更换大客户的转换成本，从而增加企业债务契约的限制性条款，提高企业持续经营风险（刘晨等，2022）。Tan 等（2019）研究发现，主要客户对企业资源的侵占风险会降低供应商的创新投入，损害其创新绩效。随后，程小可等（2020）认为，客户风险效应在地理距离越近的企业中传染越严重，抑制了供应商创新投入，加剧了企业经营风险。另外，客户风险的传染效应会提高供应链的不确定性以及降低企业与风险客户维系供应链关系的意愿（刘晨等，2022；白俊等，2022）。当客户企业面临的风险越大时，企业就越难以准确评估客户的履行能力和交易风险，从而增加供应链上的不确定性，降低企业投资效率（毛志宏等，2022），导致供应商企业陷入业绩下滑等经营困境。然而，也有学者认为，客户风险的溢出效应能够作为一种"风险预警信号"传递给上游企业，以便其快速地作出应对风险的措施。由于客户风险能够通过增加供应链不确定性向供应商发出风险信号预警，促使企业增加研发投入，从而改善企业市场竞争优势（于博，2017）、降低对大客户的依赖程度（李姝等，2021）。徐倩倩和朱淑珍（2022）认为，客户风险信息的披露能够促进供应商企业的研发投入，缓解其未来可能面临的机会主义成本。相似地，客户年报披露的风险信息越多（Chiu et al.，2019），有利于缓解供应链上的信息不对称，促使企业基于预防性动机增加现金持有水平（底璐璐等，2020），提高企业投资效率。刘晨等（2022）还发现客户风险给供应商造成的负面影响会倒逼企业增加创新投入、提高创新产出、降低对大客户的依赖，从而有效缓解客户风险带来的负面冲击。

其次，客户风险会加剧供应商的外部融资约束。由于供应链的风险传染效应，客户风险会加大供应商企业的融资约束（Bao et al.，2022）。客户的财务状况较差或陷入名誉危机时（Files et al.，2018），银行会提高供应商企业的贷款利差，缩短贷款期限（Campello et al.，2017），以更严苛的条件来限制企业贷款，这在一定程度上缩小了企业的融资渠道，企业所面临的外部融资约束进一步加剧。并且客户风险可能通过供应链传染到供应商企业，导致供应商企业的经营和财务状况以及资本结构均受到严重影响，供应商企业的杠杆率可能降低（Demirci，2015），银行对供应商企业提供贷款时也会要求更高的利差、更低的期限或更严格的契约对其进行限制（Campello 和 Gao，2017），供应商企业通过应收账款证券化获得新融资的能力也受到损害（Liu，2017），融资约束进一步加大。此外，客户风险的高低会影响其履约能力，增加商业信用期限和应收账款坏账损失。当客户经营业绩下滑时，其遵守合同契约的能力与意愿下降（Jarrow et al.，2001；Files et al.，2017），进而影响供应商企业资金周转效率，引发现金流危机，提高信用风险。与此同时，客户风险会使得其对上游供应商的产品需求出现断崖式下滑，企业短期内无法转换客户资源，意味着企业议价能力下降，此时客户要求供应商企业提供更多的商业信用优惠条款（王勇，2019），这会进一步恶化客户风险对供应商企业资金流的不利影响，加剧供应商企业的外部融资约束。王雄元和高开娟（2017）认为，客户集中度具有"风险效应"，较高的客户集中度会引发企业未来收入风险和现金流风险，增加商业信用风险，提高债券信用利差，从而导致供应商企业面临较高的融资约束。

最后，客户风险会对供应商的股价产生溢出效应。当客户企业陷入财务困境甚至是破产困境时，投资者会选择将客户企业的一部分财务困境成本转移给供应商，让供应商为客户的风险买单，导致供应商企业的股价大幅度下降（Hertzel，2008）。由于客户企业刻意隐瞒负面消息而造成的股价崩盘风险会通过供应链渠道传染至上游供应商企业，并且自身抵抗力不足的供应商对客户的依赖程度越高受其股价崩盘风险的影响越严重（彭旋和王雄元，2018）。此外，较为集中的大客户对供应商企业会产生侵占效应，利用其强势的市场地位要求企业提供更多的商业信用，加剧企业外部融资约束，恶化供应商的资金流动性，进一步加剧企业股价崩盘风险（于博等，2019）。Cohen 等（2008）发现，主要客户的股票收益率和供应商企业未来的股价存在一定的联系，如果供应商的主要客户股票收益率较好，那么供应商未来的股价也会上涨，反之亦然。许江波和卿小权（2019）在对僵尸企业风险溢出效应的具体原理研究中发现，僵尸企业在僵尸转型过程中披露的各类信息对供应商企业股价有着较大的负向溢出效应，并且该效应主要通过资金流、物流和信息流三个路径传导至上游企业。但是，由于供应链成员之间存在着密切的利益共同体关系，客户股票收益率能够引导供应商的股票回报率（Cohen 和 Frazzini，2008），供应商的股价波动对于客户盈余市场反应有着显著的正向促进效应（Pandit et al.，2011）。具体而言，若客户因陷入财务困境或破产危机而导致自身股价下跌，与其有着密切合作关系的供应商股价也会随之下跌。

2.4 文献述评

通过对已有文献的梳理可以发现，学者们对于供应商客户关系、供应链知识溢出效应、供应链信息溢出效应、供应链风险溢出效应、供应链资金流溢出效应以及客户风险的经济后果展开了丰富的理论与实证研究，上述研究成果为深入考察不同维度客户风险的供应链溢出及经济后果研究提供了夯实的理论基础与实证检验思路。总结上述研究，以下两个方面还有待进一步完善和丰富：

第一，已有文献关于供应商客户关系的研究，主要是围绕客户集中度这一客户整体特征指标，衡量供应商主要客户的销售占比和对其自身带来的负向或正向外部效应，并以此作为重要的经济变量考察对于企业的影响（王雄元和高曦，2017），且多集中在客户集中度对于供应链的资源整合效率（殷俊明等，2022）、企业创新绩效（程新生和李倩，2021）、股价同步性（李伟等，2022）以及投资效率（王丹等，2020）等方面的影响上。现有研究更多关注公开量化的财务信息对供应链关系的影响，较少关注供应链的纵向链条上，非财务信息尤其是客户风险特征方面的经济后果影响。单一客户和单一供应商之间的这种一对一关系更能直接体现客户和供应商的关联交易，拓展了供应商客户关系的研究维度。本书从风险管理视角展开，探讨客户风险的供应链溢出问题以及对企业投融资行为产生的经济后果，揭示了非财务信息风险特征的传染效应。

第二，以往研究大多从客户信息披露、客户集中度、客户关系以及大客户地理邻近性等角度考察对供应商企业经营业绩的影响（刘晨等，2022；张志元和马永凡，2022；黄珺等，2022），鲜少有从供应链这一纵向价值链上，考察客户风险对供应商产生的影响。而本书以跨企业传染为出发点，实证检验了客户风险对供应商企业的风险溢出效应，丰富了客户风险经济后果研究的相关文献。同时，本书通过探讨企业的客户特征、融资约束、宏观环境等因素对供应商投资效率的影响，解释了客户风险的跨企业传染机制，为进一步理解客户风险的经济后果提供了重要的经验证据。该研究有助于拓展企业风险的实证边界，深化对企业间风险溢出问题的探索，丰富和促进供应链理论和企业风险理论内涵。

第3章 制度背景及理论基础

3.1 制度背景

3.1.1 客户信息披露制度

客户是企业重要的利益相关者。客户信息能够反映企业的经营状况和资本市场表现，为投资者等资本市场参与者作出决策提供重要依据。近年来，证监会等监管机构逐渐意识到客户信息披露的重要性，不断修订相关准则来规范上市公司客户信息披露行为。在 20 世纪 70 年代，美国财务会计准则委员会将销售额占总销售额 10%以上的客户定义为大客户，并强制要求披露大客户的具体销售占比和名称。与美国相比，虽然我国证监会要求上市公司披露客户信息起步晚，但也通过多次修订《公开发行证券的公司信息披露内容与格式准则》，不断地完善客户信息披露制度。在 2001 年，我国证监会强制要求上市公司披露其前五大客户销售额合计占公司销售总额的比例。2009年，除了强制要求披露前五大客户总销售占比，证监会还开始鼓励上市公司披露其前五大客户的名称和具体销售额。2012年之后，证监会仍在不断修订和增添有关上市公司客户信息披露的相关准则，如要求上市公司披露单一客户依赖风险；要求披露前五大客户中关联方占总销售额的比例；鼓励上市公司披露前五大客户分别是否与其存在关联关系等。可以看出，我国有关上市公司客户信息披露制度越来越完善和规范。

随着证监会不断完善客户信息披露制度，我国上市公司客户信息披露明显增多，披露状况较为理想。以我国沪深A股上市公司为例，自2007年以来按要求披露客户信息的上市公司数量逐年增加，并且在证监会发布新修订客户信息披露准则的年份如2009年和2012年披露比例会显著增加，说明证监会准则要求是影响上市公司客户信息披露状况的重要因素。现今，已有近90%的上市公司按照要求披露客户销售占比情况，客户信息披露状况总体较为理想。然而，客户信息披露状况在不同行业、不同类型公司以及不同披露内容方面存在较大差异。从披露企业行业分布来看，制造业披露比例最高，这可能是由于制造业企业供应链关系更加紧密，以及市场参与者对制造业企业更高的信息透明度要求有关。从披露企业类型来看，创业板上市公司的披露比例普遍高于主板和中小板上市公司。从披露内容来看，虽然大部分上市公司自愿披露了前五大客户具体的销售金额或名称，但其披露比例仍小于上市公司披露前五大客户总销售占比即强制性客户信息的比例。究其原因可能是部分上市公司披露客户信息所产生的专有成本大于从中获得的收益，认为前五大客户详细信息被竞争对手掌握，会导致企业面临失去客户、经营业绩下降的风险，所以选择不详细披露前五大客户的销售金额或名称。

3.1.2 客户风险信息披露现状

在经济新常态下，供应链发展越发重要。2021年，政府工作报告中"优化和稳定供应链"被视为重点工作之一。党的二十大报告指出"着力提升产业链供应链韧性和安全性"。其中，客户作为供应链中的下游企业，是企业现金流和企业价值的源泉，与企业是"一荣俱荣、一损俱损"的利益相关者。因此，当客户出现风险时，会在供应链上产生风险溢出效应，进而影响企业的投融资行为。我国证监会等监管机构也逐渐意识到客户风险会影响企业正常的生产经营活动，因此制定了一系列有关上市公司客户风险信息披露的准则。2007年，我国证监会开始要求上市公司应在年报中披露可能存在的客户风险。2012年，证监会发布的《公开发行证券的公司信息披露内容与格式准则》中要求上市公司应当披露是否存在单一客户依赖风险。由此可见，我国监管机构对客户风险信息披露越来越重视。

具体实践中，证监会发布客户风险信息披露相关准则后，上市公司披露比例有较大幅度提升，披露总体状况良好。但是信息披露中存在客户风险信息普遍呈现"样板化"现象，信息含量水平参差不齐等问题。一方面，客户风险信息通常被视为企业的负面信息，披露时运用消极词汇也可能会被信息接收者过分解读，给企业投融资活动带来不利影响，甚至影响企业正常生产经营。因此，企业会选择模糊化或者减少披露客户风险信息，披露意愿不强。长此以往，客户风险信息披露呈现"样板化"现象，且信息质量不高。另一方面，所披露的客户风险信息属于定性信息，能多维度反映客户风险，但其真实性、完整性以及可读性如何主要取决于企业管理层的信息披露决策，这使得客户风险信息披露的信息含量水平参差不齐。

3.1.3　市场客户风险的总体评价

客户风险是影响企业财务决策的重要因素，影响客户风险的主要有四个方面，分别是客户外部宏观环境、客户财务状况、客户运营风险和客户关系风险，并且每个一级评价指标下还存在着数量不等的二级评价指标。对于客户风险评价指标体系的构建如表 3-1 所示。

表 3-1　客户风险评价指标体系

目标层	一级评价指标	二级评价指标	二级评价指标描述
客户风险	客户外部宏观环境	经济政策不确定性	客户所在省份的经济政策不确定程度
		行业竞争环境	客户所在行业竞争程度
		地区法律环境	客户所在省份的法律环境
	客户财务状况	盈利能力	客户企业盈利能力，用每股收益率衡量
		偿债能力	客户企业偿债能力，用资产负债率衡量
		营运能力	客户企业营运能力，用总资产周转率衡量
		发展能力	客户企业发展能力，用销售收入增长率衡量
	客户运营风险	高管情况	高管从业年限
		公司被监管情况	公司被处罚或者被问询情况
		公司内控情况	公司内部控制有效性，用内控指数衡量
		经营稳定情况	盈余的波动性，用 ROA 的波动性衡量
	客户关系风险	关系投资	客户间是否存在关系投资
		关系风险	对客户的依赖程度，用客户集中度衡量

本书采用层次分析法计算客户风险评价体系中各一级指标的权重以及各一级指标下的二级指标权重。在层次分析法中，第一步要构建层次结构模型，包括目标层、准则层和方案层。第二步构建成对比较矩阵，它表示本层的所有因素针对上一层某一个因素的相对重要性的比较。成对比较矩阵的元素 a_{ij} 表示的是第 i 个因素相对于第 j 个因素的比较结果。第三步需要求解判断矩阵

的特征向量，本书采用方根法计算矩阵特征向量的近似值，首先计算判断矩阵 A 每行元素乘积的 n 次方根，公式如下：

$$M_i = \sqrt[n]{\prod_{j=1}^{n} a_{ij}} \qquad\qquad (3-1)$$

然后进行归一化：

$$W_i = \frac{M_i}{\sum_{i=1}^{n} M_i} \qquad\qquad (3-2)$$

最后计算出判断矩阵最大特征根：

$$\lambda = \sum_{i=1}^{n} \frac{(Aw)_i}{nw_i} \qquad\qquad (3-3)$$

第四步要对判断矩阵的一致性进行检验。CI 是度量判断矩阵偏离一致性的指标，计算公式如下：

$$CI = \frac{\lambda - n}{n-1} \qquad\qquad (3-4)$$

CI 越大，则判断矩阵一致性越差，若 $CI = 0$，则判断矩阵具有完全一致性。而 CR 表示一致性比率，它的计算公式是：

$$CR = \frac{CI}{RI} \qquad\qquad (3-5)$$

其中，RI 是平均随机一致性指标。若 $CR < 0.1$，则通过一致性检验。

随后计算得出各二级指标的综合权重并对各个指标进行排序，计算结果如表 3-2 所示。

表 3-2　客户风险评价指标及其权重

目标层	一级评价指标	权重	二级评价指标	权重	综合权重	排序
客户风险	客户外部宏观环境	0.1858	经济政策不确定性	0.2809	0.0522	11
			行业竞争环境	0.4140	0.0769	8
			地区法律环境	0.3051	0.0567	10

续表

目标层	一级评价指标	权重	二级评价指标	权重	综合权重	排序
客户风险	客户财务状况	0.3759	盈利能力	0.2929	0.1101	1
			偿债能力	0.2609	0.0981	3
			营运能力	0.2583	0.0971	4
			发展能力	0.1879	0.0706	9
	客户运营风险	0.2652	高管情况	0.1208	0.0320	13
			公司被监管情况	0.1726	0.0458	12
			公司内控情况	0.3241	0.0860	6
			经营稳定情况	0.3825	0.1014	2
	客户关系风险	0.1731	关系投资	0.4568	0.0791	7
			关系风险	0.5432	0.0940	5

一般来说，对客户风险的评价等级分为低风险、较低风险、中等风险、较高风险和高风险共五个等级，它们的风险呈递增趋势。对于低风险客户来说，他们资产规模较大，有较好的盈利能力和还债能力；对于中等风险客户来说，他们有一定的资产可以作抵押，在以前的交易中可以经过催收后按时结算完毕；对于高风险客户来说，他们的财务情况及信誉水平很差，是行业内公认的不良企业。本书采用模糊综合评价的方法对客户风险进行评价。

在模糊综合评价中，第一步确定客户风险的评价指标集合 U：

$$U=\{u_1,\ u_2,\ \cdots,\ u_m\} \tag{3-6}$$

第二步确定客户风险评价等级集合 V：

$$V=\{v_1,\ v_2,\ \cdots,\ v_n\} \tag{3-7}$$

第三步建立模糊关系矩阵 R：

$$R = \begin{bmatrix} r_{11} & r_{12} & \cdots & r_{1n} \\ r_{21} & r_{22} & \cdots & r_{2n} \\ \vdots & \vdots & \ddots & \vdots \\ r_{m1} & r_{m2} & \cdots & r_{mn} \end{bmatrix} \tag{3-8}$$

其中，r_{ij} 表示客户风险从指标 u_i 来看对 v_i 等级模糊子集的隶属度。

第四步确定客户风险的模糊权向量（a_1，a_2，$\cdots$，a_m）。这里将上文使用层次分析法得出的权重导入。

第五步得出模糊综合评价模型：

$$B = A \times R = (a_1,\ a_2,\ \cdots,\ a_m) \begin{bmatrix} r_{11} & r_{12} & \cdots & r_{1n} \\ r_{21} & r_{22} & \cdots & r_{2n} \\ \vdots & \vdots & \ddots & \vdots \\ r_{m1} & r_{m2} & \cdots & r_{mn} \end{bmatrix} = (b_1,\ b_2,\ \cdots,\ b_n)$$

$$\tag{3-9}$$

其中，b_i 表示客户风险从整体上看对 v_i 等级模糊子集的隶属程度。

为了使客户风险评价结果更为直观，本书构造集合 C 表示评判者对影响客户风险的各指标因素风险程度的评判结果。

$$C = \{低风险，较低风险，中等风险，较高风险，高风险\} = \{1,\ 3,\ 5,\ 7,\ 9\} \tag{3-10}$$

本书采用专家打分法确定对于客户风险的评价集。整理结果如表 3-3 所示。

表 3-3　客户风险评价集

目标层	准则层	指标层	评价集				
	一级评价指标	二级评价指标	1	3	5	7	9
客户风险	客户外部宏观环境	经济政策不确定性	1	2	5	2	0
		行业竞争环境	1	3	4	0	2
		地区法律环境	1	3	4	1	1
	客户财务状况	盈利能力	0	2	3	4	1
		偿债能力	0	1	5	1	3
		营运能力	1	1	4	3	1
		发展能力	3	2	4	1	0
	客户运营风险	高管情况	3	2	3	1	1
		公司被监管情况	0	1	7	2	0
		公司内控情况	0	2	6	2	0
		经营稳定情况	1	1	3	3	2
	客户关系风险	关系投资	3	1	4	2	0
		关系风险	1	2	5	1	1

由表 3-3 可知，针对各个指标与不同风险程度进行模糊综合评价，通过构建出 13×5 的权重判断矩阵 R，最终进行计算得到 5 个风险等级集隶属度，$B = (0.138, 0.134, 0.3, 0.256, 0.171)$，如图 3-1 所示。

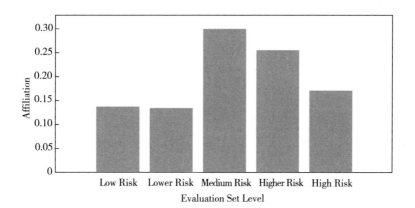

图 3-1　判断风险等级隶属度结果

由图 3-1 可以直观地看出"中等风险"的隶属度最高。同时我们可以通过计算评价分数得出 $V=B×C^{T}=5.377$，由于 5.377 处于 5 和 7 之间且靠近 5，故最终可以判断出客户风险的评价结果为"中等风险"。

3.2 理论基础

3.2.1 利益相关者理论

利益相关者理论最初产生于 20 世纪 60 年代的西方国家，并在 20 世纪 80 年代得到快速发展，深刻影响了企业的管理方式和治理模式。其中，最具代表性的是弗里曼将利益相关者定义为"可以影响或被组织目标实现过程所影响的所有个人和团体"。随后，Clarkson（1994）在这一概念中引入了专用性投资因素，他指出利益相关者为在企业中投入实物、人力以及财务资本或者有价值的东西，并由此而承担了某些形式的风险。这一定义考虑了投资的专用性，是相对全面的。从上市公司角度来看，利益相关者包括股东、雇员、债权人、供应商、客户、政府等，他们都与公司的生产和经营有着密切的联系。针对利益相关者，学者们根据不同的划分标准提出了不同的分类方式。例如，根据交易关系，Frederick 等（1988）认为，利益相关者可分为直接利益相关者和间接利益相关者，其中直接利益相关者包括债权人、股东、供应商、客户等，他们直接参与市场交易；而政府、媒体等则属于间接利益相关者。Clarkson（1994）认为，利益相关者可以分为主要利益相关者和次要利益相关者两类，主要利益相关者是指那些在企业日常经营活动中必须涉及的、对企业决策有较大影响的群体，包括股东、供应商、客户等；次要利益相关者是指影响公司或者受公司影响的，但不直接进行交易的群体，如政府等。此外，Sirgy（2002）将利益相关者划分成了内部、外部和远端利益相关者，内部利益相关者通常指员工和管理层等，外部利益相关者指股东、供应商、客户等，而远端利益相关者则指政府、媒体等。综上所述，根据上述学者对利益相关者的分类标准，客户被归类为供应商企业的直接的、主要的外部利益相关者。

作为企业重要的利益相关者，客户与企业是"一荣俱荣，一损俱损"的利益共同体（Ute，1991）。这种紧密的客户关系有助于信息共享和提高供应链管理效率，从而形成供应链整合效应。然而，当其中某一方遇到经营困境，另一方也不可避免地会受到波及。当客户风险较大时，可能会对供应商企业产生风险溢出效应，导致供应商企业面临融资方面的困难，降低其投资效率。根据利益相关者理论，供应商企业在经营过程中必须综合考虑位于同一供应链上客户的利益，并密切关注客户可能面临的风险。总之，利益相关者理论为我们提供了一个理论基础，解释了客户风险在供应链上产生的溢出效应，以及对供应商企业的融资能力和投资效率产生负面影响的原因。

3.2.2　资源依赖理论

资源依赖论在 20 世纪 40 年代就有了萌芽，而在 20 世纪 70 年代逐渐形成并得到进一步的发展。在这一理论框架下，重要的学者代表包括费佛尔和萨兰奇科，他们提出了四个核心假设，这些假设构成了资源依赖理论的基础：组织的首要关注点是生存问题，生存对组织至关重要，因为没有生存，其他目标都将难以实现；生存需要各种资源，而组织通常无法自行生产这些资源。因此，组织必须依赖外部来源来获取所需资源；组织必须与其所依赖的外部环境因素互动。这种互动包括获取资源、合作、协商等方式，以此确保资源的可获得性；组织的生存建立在其控制自身与其他组织之间关系的能力的基础之上。这意味着组织必须能够有效地管理与外部组织的互动，以此确保资源的流动性和稳定性。资源依赖理论强调了组织为了生存和发展需要与外部环境进行资源交换，从而满足其资源需求。这种资源获取的依赖性使得组织与外部组织之间的关系至关重要。然而，如果某个组织对另一个组织进行了过多的专用性投资，可能会导致对后者的过度依赖，从而增加了风险和不稳定性。

从供应链的角度来看，供应链实质上是由多个节点企业组成的一种组织形式，这些节点旨在有效地发挥各自的资源优势，并合理地利用其他节点企业的资源，以便围绕产品或服务的生产和交付进行协同合作（汪贤裕等，2008）。在供应链中，位于下游的客户是供应商企业产品销售的主要对象，是企业经营业绩的主要来源，当然客户也需要从供应商企业获取原材料等资源，彼此之间是资源依赖关系。此外，客户和供应商企业之间通常会为了加强他们的合作关系而进行关系专用性投资。这些投资旨在满足客户的个性化需求，提高供应商企业的生产效率，并且有助于客户和供应商企业的技术和资源相互补充，也加强了双方之间的资源依赖程度。

客户集中度是一项反映企业对其客户依赖程度的重要指标，主要用从主要客户得到的收入在总收入中所占的比例来衡量。顾客集中程度越高，说明某个顾客对厂商的重要性越大，也说明厂商对这个顾客的依赖程度越高。当企业的客户集中度较高时，这有助于促进供应商企业和客户之间的资源互补和信息共享，进而有助于提升企业的经营绩效，减轻融资方面的限制，提升投资效率等。然而，当客户集中度过高时也会带来一些潜在的风险。供应商企业可能会过于专注满足特定客户的需求，这可能导致它们过度投资于关系专用性资产，从而降低了其议价能力，并加大了商业信用的提供，最终增加了经营和财务风险。在本书中，我们主要探讨客户风险对供应链的溢出效应以及经济后果。根据资源依赖理论，供应商企业和客户之间存在相互依赖和相互影响的关系。当客户面临风险时，供应商企业的融资能力和投资效率可能会降低，从而增加了企业的整体风险。特别是在客户集中度较高的情况下，这种风险溢出效应会更加显著。

3.2.3 风险传染理论

风险传染是指当某些公司陷入危机时，与其相关的其他公司也会受到波及，而这种波及程度取决于企业间关系的紧密程度。具体而言，风险传染可分为狭义和广义两个层面。狭义的风险传染是指风险在企业内部传递和扩散，而广义的风险传染包括企业之间的传播，尤其是存在利益相关性的企业之间的传播。

现有文献关于风险传染的研究主要分为以下三方面：风险在宏观金融体系、微观企业间以及金融机构与企业间的传染；从宏观层面来看，目前的研究多集中于银行间、债券市场和股票市场间的风险传染；在微观企业层面上的风险传染，企业间的借贷关系、担保关系以及企业集团内部子公司间的关系是重点关注的内容。至于金融机构与企业间的风险传染效应，戚逸康等（2018）研究发现，房地产对金融系统存在风险溢出效应。

具体到供应链层面，风险传染效应主要是指当供应链上的某个节点企业陷入困境时，供应链上下游的供应商和客户也会受到不利影响。这种现象可以解释为：首先，供应商企业的经营业绩在很大程度上依赖于主要客户的原材料采购量，因此客户风险的增加会直接导致采购量下降，从而降低供应商企业的经营绩效，进而增加了其经营风险。其次，供应商企业和客户之间的合作关系紧密度也会影响风险传染的程度。供应商企业出于维护与主要客户间关系的目的，通常会进行关系专用性投资，这加强了两者之间的联系。然而，当客户面临风险时，供应商企业也无法轻易脱离，尤其是在客户集中度较高的情况下，这可能导致供应商企业提供过多的商业信用，占用营运资金，甚至产生坏账，最终使得供应商企业的财务状况变差。最后，供应商企业和客户之间的密切合作关系也使得客户成为外部股东和债权人获取供应商企业信息的一种渠道。一旦股东和债权人意识到顾客面临更大的风险，他们就会要求更高的风险补偿，从而提高了企业的资本成本，加剧了供应商企业的融资约束。

风险传染的要素包括风险源、风险传播载体和风险接收者。在供应链中，客户风险是风险源，供应商与客户之间的信息、资金和物流流动成为风险传播的载体，供应商企业则是风险的接收者。因此，客户风险可以通过供应链传播，对供应商企业产生不利影响。

3.2.4 信息不对称理论

信息不对称是指交易双方之间的信息分布不对称、不均匀，即双方掌握的信息量不同。该理论产生于20世纪70年代，之后迈克尔·斯彭斯、格罗斯曼、斯蒂格利茨等学者进行了一系列拓展性研究，进一步发展和完善了信息不对称理论。按照信息不对称发生的时间，信息不对称可以划分为两种情况：一种是事前不对称信息，另一种是事后不对称信息。事前信息不对称是指在交易发生之前，一方拥有信息优势，而有意隐瞒，这就引起了逆向选择问题。而事后信息不对称是指在交易发生后，掌握了更多信息的一方隐藏了自己的行为，由此导致了道德风险。

具体到供应链上，客户风险能在供应链上产生溢出效应与供应商和客户之间、企业和银行等金融机构之间的信息不对称有一定关系。这种信息不对称情况可能导致客户风险在供应链上产生溢出效应，增加供应商企业的风险，同时也带来融资约束加剧以及投资效率降低等经济后果。首先，客户与供应商之间存在信息不对称。当客户的风险较高时，他们可能会选择隐瞒事实使得供应商难以察觉潜在风险仍维持与其业务关系，从而无法及时采取措施如中断合作关系来规避潜在风险。当供应商意识到客户风险较大，可能已经受到波及。其次，金融机构与供应商企业之间也存在信息不对称，如银行。这意味着金融机构无法完全了解供应商企业的经营和财务状况，处于信息不利地位。当客户与供应商企业关系密切且存在风险时，为了降低自身风险，金融机构可能会采取一系列措施，如减少贷款规模、提高贷款利率以及限制资金用途。这使得供应商企业融资成本上升，融资难度加大，同时也对其外部投资产生负面影响。

3.2.5 关系专用性投资理论

关系专用性投资是指为了巩固合作伙伴之间的关系而进行的投资，以维护关系为主要目标。关系专用性投资可以划分为两种类型：一种是有形的关系专用性投资，另一种是无形的关系专用性投资。前者是指企业对工厂、机械等有形资产的投入，后者是指企业对技术、人才等无形资产的投入。进行关系专用性投资有助于巩固合作伙伴关系，降低交易成本，提高经济效益。然而，关系专用性资产的价值通常仅在特定合作伙伴之间的交易中才存在，一旦脱离特定合作伙伴，其价值可能会急剧下跌甚至完全丧失。因此，一旦合作关系破裂，已经进行的关系专用性投资就可能会遭受重大价值损失。

从供应链的角度来看，供应商企业为了维护与客户的合作关系，通常会进行关系专用性投资。当客户面临潜在风险时，由于存在关系专用性资产，供应商企业往往无法轻易退出供应链合作，必然会受到一定程度的冲击。即便供应商企业及时终止与客户的合作关系，这些关系专用性资产也会大幅度贬值，同时还需要承担重新寻找新客户的转换成本，这一系列因素都可能导致供应商企业的产品积压和市场份额减少，进一步加剧了经营风险。总之，关系专用性投资理论在一定程度上有助于解释客户风险在供应链中的溢出效应。

第4章　客户风险的供应链溢出效应

4.1　引言

党的二十大报告明确指出，高质量发展是全面建设社会主义现代化国家的首要任务，强调要提高防范化解重大风险能力，而企业风险则是当前我国面临的重大风险要素之一。企业风险指企业收入流的不确定性或波动性（Palmer 和 Wiseman，1999），它不仅会对企业的微观方面产生影响，还会影响整个宏观经济。在微观层面，企业的风险不仅会影响到管理者、股东、员工等利益相关者相关决策，而且也会对企业未来的战略计划产生重大影响。在宏观层面，全球化和网络化的飞速发展使得单个企业的风险可能会对整个宏观经济造成影响。在金融体系之间，由于同业市场借贷的存在，银行间的破产串联会引发金融危机（Allen et al.，2009）。在企业集团之间，纳鹏杰等（2017）也证实了风险传染的存在，如果集团下属公司当年风险增加，那么往往集团成员公司下年的风险也会增加。在上下游企业之间，2008年爆发的金融危机沿着供应链引起了许多企业的破产。

在上下游企业之间，供应商企业和客户企业之间存在的担保关系往往会导致风险沿着供应链进一步传染，一旦供应链中一家公司出现问题，风险将沿着供应链条进行多米诺骨牌式传染。客户作为供应链中的下游企业，是供应商企业现金流和企业价值的源泉。企业与客户在日常交易活动中建立的以贸易往来为基础的商业契约关系，即客户关系，使得客户和供应商企业之间形成了"一荣俱荣，一损俱损"的利益共同体关系（Ute，1991），这种密切关系会使一方面临困境时，另一方也不能独善其身。在上下游企业之间，由商业信用构成的借贷链条会导致破产连锁反应（Kiyotaki 和 Moore，1997），供应链上下游企业之间存在的担保关系往往会导致风险沿着供应链进一步传染（崔蓓，2017）。当客户的经营出现问题时，它可能单纯从自身利益出发对资源进行重新配置，将客户风险传导到供应商企业上，导致其"资源的可能不匹配"（汪贤裕，2008）。而低下的经济效率和不恰当的资源配置恰恰是企业陷入财务危机，甚至是破产困境的根本原因（盛明泉等，2018）。

客户可能会通过密切的供应链关系将其风险传递给供应商企业，进而加剧供应商的企业风险。首先，当股东和债权人识别出客户风险比较高时，往往会要求更高的资本成本和债务成本进行弥补，这会加剧供应商企业的融资约束能力。其次，当客户面临财务困境时，客户可能会选择违约，核心企业的违约极易引起风险最大限度地扩散，那么供应商公司可能因为未来现金流量的潜在损失面临更高的信用风险。最后，客户和供应商之间存在的信息不对称问题以及终止关系带来的成本会加剧供应商企业的经营风险。但是现有文献中，对于客户是否会通过供应链渠道对企业产生风险溢出效应这一问题缺乏深入研究和实证检验。基于此，本章以手工收集的2007~2017年中国A

股沪深两市 1087 对客户和供应商均为上市公司的供应链公司数据为基础,实证检验客户是否对供应商企业产生风险溢出效应,并且进一步分析这一效应在客户集中度和产权性质不同的供应商企业中的异质性影响。

本章研究发现:①在供应链上下游关系中,当客户表现较差,存在更高的风险时,这一负面冲击会传递至供应商企业,导致供应商企业的风险进一步加剧,即客户风险对供应商企业风险具有溢出效应;②客户集中度越高的供应商企业,在面临客户风险的波及时越难以独善其身,即客户风险的溢出效应在客户集中度较高的供应商企业中表现更为显著;③由于国有企业有政府做靠山、背后存在着政府的隐性担保,在面对风险时,国有供应商企业比非国有供应商企业更具抵抗力,导致客户风险的溢出效应在非国有供应商企业表现更为显著。

本章可能的研究贡献在于:①关于企业风险的相关文献中,以往研究主要从企业产权性质、管理层特质、管理层激励、宏观经济的变动以及政策不确定性进行展开,本章从客户这一外部利益相关者的角度出发,研究客户特征对供应商的企业风险的影响,丰富了企业风险影响因素的相关文献。②风险溢出相关文献主要聚焦于金融行业、资本市场、企业集团之间,本章从供应链角度探讨风险的溢出效应,展示了客户风险通过"客户—供应商关系"链条影响供应商企业的独特路径,丰富了风险溢出的相关文献研究,为企业间风险防御行为提供了经验证据。③不同于以往研究基于企业—年度的二维数据,重点探讨客户关系对成本结构、资本结构、盈余管理、现金持有、股利分配和会计稳健性的影响,本章基于企业—年度—客户的三维数据,考察客户风险对供应商企业风险的影响,有助于丰富客户关系经济后果的文献,同时对供应商企业管理客户关系具有重要的实践意义。

4.2 文献综述和研究假设

4.2.1 文献综述

4.2.1.1 企业风险和风险溢出相关文献

企业风险按来源可以分为两类：从公司内部来看，产权性质、管理者自身特质、管理层激励、公司治理、税收规避等都会加剧或减弱企业风险（李文贵，2012；陈闯等，2016；张长海等，2019；陈彩云和汤湘希，2019）；从公司外部来看，企业会受到宏观经济变动和政策不确定性的影响（马永强和孟子平，2009；罗党论等，2016）。除此之外，还有学者从非正式制度安排如银行关联（翟胜宝，2014）的角度探究其对企业风险的影响。

现有关于风险溢出的文献主要从以下三方面进行展开，即宏观金融体系内的风险溢出、微观企业间的风险传染，以及金融机构与实体企业之间的风险影响。在宏观金融体系层面，学者们从银行系统内风险传染（高国华和潘英丽，2011）、债券市场与股票市场之间的风险传染（岳正坤和张勇，2014）等方面对宏观金融风险的溢出进行了研究。在微观企业层面，关于企业之间风险溢出的研究主要聚焦于企业间商业信贷关系、互保联保的担保关系以及企业集团内部子公司之间的财务和经营关系传播。刘海明等（2016）检验了在担保网络中的传染效应，发现当网络中一家公司表现较差时，其他公司下一年的绩效也会出现下滑，并且水平较低；徐攀和于雪（2018）选取 SIRS 模型分析中小企业集群互助担保融资面临的风险传染问题，发现只有当满足特定的条件时，风险才会沿着互助担保链条进一步扩散；纳鹏杰等（2017）证实了企业集团之间风险传染的存在，集团下属公司当年风险增加会导致集团成员公司下年风险的增加。在金融机构与实体企业之间的风险溢出层面，戚逸康等（2018）分析了我国房地产市场对金融系统、房地产板块对股票市场存在的风险溢出问题。Battiston 等（2012）发现债务杠杆越高，债务违约信用风险越大，对金融市场风险溢出效应越强。王海林和高颖超（2019）采用基于分位数回归的 CoVaR 模型研究僵尸企业对银行业的风险溢出效应，研究发现，僵尸企业对银行业的整体风险存在正向贡献，僵尸企业风险加剧时风险溢出效应也随之增加。

4.2.1.2　客户关系相关文献

客户作为企业重要的外部利益相关者之一，与企业之间通过贸易往来形成了"一荣俱荣，一损俱损"的利益共同体关系（Ute，1991）。客户和供应商之间的关系对企业行为和经济后果的影响越来越受到实务界和学术界的重视。一方面，密切的客户关系有助于进行信息共享、改善供应链管理效率，进而产生供应链整合效应。但也可能使双方在面临困境时无法独善其身，一旦有一方面临财务困境，很可能就会波及另一方。Cohen 等（2008）发现，主要客户的股票收益率和供应商企业未来的股价存在着一定的关系，如果供应商的主要客户股票收益率较好，那么供应商未来的股价也会上涨，反之亦然。但是，当客户企业陷入财务困境甚至是破产困境时，投资者会选择将客户企业的一部分财务困境成本转移给供应商，让供应商为客户的风险买单，导致供应商企业的股价大幅度下降（Hertzel，2008）。

另一方面，现有研究还发现，客户和供应商之间的紧密关系为投资者、债权人、分析师以及银行等第三方传递了企业财务和非财务信息，进而影响其决策。王雄元和高曦（2017）使用事件研究法，发现客户盈余公告不仅对自身的股价波动有影响，而且对供应商企业的股价变化也有影响，并且两者的股价反应呈现出正相关关系，当客户关系越紧密，越依赖时，这种传染效应越强。殷枫和贾竞岳（2017）实证检验了大客户盈余管理与供应商企业非效率投资之间的关系，发现大客户的盈余管理行为会促使企业的非效率投资，更进一步，大客户的正向盈余管理会促使供应商的过度投资行为，负向盈余管理会导致供应商企业的投资不足。王勇（2019）考察了客户公开的债务水平信息对供应商企业信贷契约价格条款的影响，结果表明，客户的负债水平会影响供应商企业的信贷融资成本，且两者呈现显著正相关关系。

4.2.2 研究假设

4.2.2.1 客户风险对供应商企业风险的溢出效应

客户作为企业重要的外部利益相关者之一，客户与供应商之间的密切关系会使一方在面临困境时，另一方也不能独善其身（Ute，1991）。汪贤裕等（2008）提出，处于供应链节点的企业在面临财务困境时，不仅会降低自身的价值，而且会调整自身资源的配置以保证资源的安全性，并通过运作策略影响上下游企业，进而产生供应链的风险溢出效应。客户作为供应链的关键一环，当客户企业陷入财务困境甚至是破产困境时，投资者会选择将客户企业的一部分财务困境成本转移给供应商，让供应商为客户的风险买单，导致供应商企业的股价大幅度下降（Hertzel，2008）。也就是说，客户风险可能通过供应链传染到供应商企业，导致供应商企业的财务状况和资本结构受到严重影响，加剧供应商企业风险。

首先，客户风险会加剧供应商企业的融资约束。当客户风险过高时，供应商企业的杠杆率可能降低（Demirci，2015），银行对供应商企业提供贷款时也会要求更高的利差、更低的期限或更严格的契约对其进行限制（Campello 和 Gao，2017），供应商企业通过应收账款证券化获得新融资的能力也受到损害（Liu，2017），融资约束进一步加大。遭受融资约束的公司因资金受限可能影响其正常经营运作，进一步增加企业风险（Wang et al.，2012）。

其次，客户风险会加剧供应商企业的信用风险。David（2018）指出，当客户面临财务困境，也即客户风险比较高时，客户违反契约的威胁也较高，一旦客户不得不中断交易，供应商公司可能会因为未来现金流量的潜在损失面临更高的信用风险。具体来说，如果客户无法按期偿还货款或者无力偿还货款，不仅增加了供应商企业的商业期限和坏账风险，而且降低供应商企业的资金周转效率，最终造成其未来现金流的损失，增加其信用风险。同时如果客户议价能力比较强，往往会要求更多的优惠条款、更多的商业信用、更长的还款期限，这会进一步恶化客户风险对供应商企业未来现金流的不利影响，导致供应商企业信用风险的上升。

最后，客户风险会加剧供应商企业的经营风险，客户和供应商之间存在信息不对称问题，在客户面临财务困境时可能会选择隐瞒事实并误导对方继续维持关系，当供应商想要通过中断关系来规避客户的违约给其带来的影响时，可能为时已晚。除此之外，供应商与客户中止旧关系会产生一定的沉没成本，重新寻找新的客户也需要时间和转换成本，这些都可能导致产品的积压和市场份额的减少（王雄元，2018），使得供应商的经营风险进一步加大。由此提出如下假设：

H4-1：客户风险对供应商企业风险具有溢出效应，具体而言，当年客户风险与供应商企业风险显著正相关。

4.2.2.2　客户集中度的调节作用

现有文献表明，客户关系的紧密程度会影响供应商企业的财务行为，比如，客户集中度会对企业的现金持有、投资效率、股利分配以及避税行为等诸多方面造成影响。客户集中度指的是公司主要客户的收入占总收入的百分比，该值越高意味着客户越重要，供应商越依赖该客户，资金回收速度越低（Patatoukas，2012），现金流风险越高，越可能陷入财务困境（Wang，2012）。如果主要客户选择违约、中断交易，那么问题客户的应收账款将面临无法回收的风险，供应商企业出现坏账的概率大大提高，经营利润和现金流也将大幅度减少（Hertzel，2008），进一步加剧供应商的经营风险。除此之外，投资者和债权人也会察觉到客户集中带来的风险，在提供资金的同时会设置更多的限制、索取更高的风险补偿或者风险溢价，致使供应商企业的外部融资受到更大的约束，使供应商企业的财务风险和破产风险进一步增加。由此提出如下假设：

H4-2：相比客户集中度较低的供应商企业，客户风险对客户集中度较高的供应商企业风险的正向影响更为显著。

4.2.2.3 产权性质的调节作用

在考虑客户风险沿着供应链对供应商企业产生溢出效应时，不仅要考虑客户风险对供应商造成的冲击，还要考虑供应商企业自身抵抗外部冲击的能力。在中国的资本市场上，国有企业有政府做靠山，具有天然的资源优势，拥有较多的特权（陆正飞，2015）。正是因为国有企业的背后存在着政府的隐性担保，使得银行在提供贷款时更青睐于国有企业，国有企业即使受到客户风险的负面冲击，也可以选择银行贷款弥补资金缺口，因此，国有供应商企业比非国有供应商企业更具抵抗力。由此提出如下假设：

H4-3：相比国有供应商企业，客户风险对非国有供应商企业风险的正向影响更为显著。

4.3　研究设计

4.3.1　样本选取和数据来源

本章选取 2007～2017 年沪深 A 股披露前五大客户的名称信息的 15808 家上市公司，其中客户和供应商均为沪深 A 股市上市公司的有 1531 对。剔除 ST 和 ＊ST、金融行业以及财务数据缺失的上市公司，最终得到 1087 组客户和供应商均为上市公司的有效样本。对所有连续变量进行上下 1% 的缩尾处理，以消除极端值对回归结果的影响。前五大客户数据手工收集，其他数据取自 CSMA 数据库。

4.3.2　模型设定

借鉴余明桂等（2013）的研究，构建主效应回归模型，以验证 H4-1。根据客户集中度和产权性质对模型式（4-1）进行分组回归以验证 H4-2 和 H4-3。

$$gysRisk_{i,t+1} = \beta_0 + \beta_1 khRisk_{i,t} + \beta_2 gysSize_{i,t} + \beta_3 gysLeverage_{i,t} + \beta_4 gysGsales_{i,t} +$$
$$\beta_5 gysAge_{i,t} + \beta_6 gysOwnership_{i,t} + \varepsilon \tag{4-1}$$

其中，$gysRisk$ 表示供应商风险，$khRisk$ 表示客户风险，其值越大，表示风险越高。此外，还对行业和年度进行了控制。

4.3.3 变量说明

4.3.3.1 供应商企业风险

借鉴 John 等（2008）、Boubakri 等（2011）和李文贵（2012）等的研究，采用经行业年度均值调整的供应商企业未来 3 年内$(t$ 年至 $t+2$ 年$)ROA$ 的波动性对供应商企业风险进行衡量，用 $\partial（gysROA_i）$ 表示。为了剔除行业异质性带来的计量噪声，我们先对供应商企业每一年的 ROA 采用行业平均值进行调整，然后再计算其在每一观测时段内经行业调整的 ROA 的标准差。即：

$$gysRiskT_i = \sqrt{\frac{1}{N-1}\sum_{n=1}^{N}\left(ADJ\_gysROA_{in} - \frac{1}{N}\sum_{n=1}^{N}ADJ\_gysROA_{in}\right)^2}, \ N=3$$

$$(4-2)$$

其中，$ADJ\_gysROA_{in} = gysROA_{in} - \frac{1}{X}\sum_{k=1}^{X}gysROA_{in}$

在稳健性检验部分，本章还采用另外两种方式对企业风险$(Risk)$进行衡量，即总资产息税前收益率的波动性(VOL_EBIT)和 Z 指数$(Z\text{-}score)$，对研究结果的可靠性进行验证。

4.3.3.2 客户风险

采用经行业年度均值调整的客户企业未来 3 年内$(t$ 年至 $t+2$ 年$)ROA$ 的波动性对客户风险进行衡量，用 $\partial（khROA_i）$ 表示。同样，对客户企业的行业异质性进行了处理，先对客户企业每一年的 ROA 采用行业平均值进行调整，然后再计算客户企业在每一观测时段内经行业调整的 ROA 的标准差。即：

$$khRiskT_i = \sqrt{\frac{1}{N-1}\sum_{n=1}^{N}\left(ADJ\_khROA_{in} - \frac{1}{N}\sum_{n=1}^{N}ADJ\_khROA_{in}\right)^2}, \ N=3$$

$$(4-3)$$

其中，$ADJ\_khROA_{in} = khROA_{in} - \dfrac{1}{X}\displaystyle\sum_{k=1}^{X} khROA_{kn}$

在稳健性检验部分，本章还采用另外两种方式对企业风险（$Risk$）进行衡量，即总资产息税前收益率的波动性（VOL_EBIT）和 Z 指数（Z-$score$），对研究结果的可靠性进行验证。

4.3.3.3　控制变量定义

其他变量定义及详细说明如表 4-1 所示。

表 4-1　变量定义表

变量名称	变量	变量定义
供应商风险	gysRisk	供应商 ROA 的波动性
客户风险	khRisk	客户 ROA 的波动性
供应商产权性质	gysnstata	若为国有企业，赋值为 1，否则为 0
客户集中度	gysCusConcen	第一大客户销售收入占总销售收入的比重
供应商企业规模	gysSize	总资产的自然对数
供应商资产负债率	gysLeverage	负债/总资产
供应商销售增长率	gysGsales	营业收入增长/上年营业收入
供应商年限	gysAge	供应商企业上市年限的自然对数
供应商股权集中度	gysOwnership	供应商企业第一大股东年末持股比例
客户规模	khSize	总资产的自然对数
客户资产负债率	khLeverage	负债/总资产
客户销售增长率	khGsales	营业收入的增长/上年营业收入
客户年限	khAge	客户企业上市年限的自然对数
客户股权集中度	khOwnership	客户企业第一大股东年末持股比例

4.4 实证结果和分析

4.4.1 描述性统计

主要变量的描述性统计如表 4-2 所示。数据表明：①t 期供应商企业风险指标 gysRisk 的最小值为 0.0012，最大值为 0.5414，均值为 0.0501，t 期的客户风险指标 khRisk 的最小值为 0.0008，最大值为 0.3061，平均值为 0.0339，从最小值和最大值看，不同企业之间的风险有着较大的差异。②t 期客户风险总体上小于供应商企业风险，并且符号相同，可能呈现正相关关系。

表 4-2　描述性统计

变量	观测值	最小值	最大值	平均值	中位数	标准差
gysRisk	1087	0.0012	0.5414	0.0501	0.0209	0.0889
khRisk	1087	0.0008	0.3061	0.0339	0.0129	0.0651
gysCusConcen	1087	1.0900	69.3900	14.6687	9.7400	13.0937
gysnstata	1087	0.0000	1.0000	0.4585	0.0000	0.4985
gysSize	1087	19.5910	25.3323	21.9326	21.7667	1.2890
gysLev	1087	0.0398	1.0168	0.4279	0.4241	0.2254
gysGsales	1087	−0.6269	2.4862	0.1761	0.1257	0.3958
gysAge	1087	1.0986	3.2958	2.5778	2.6391	0.4107
gysOwnership	1087	10.9877	75.7786	36.6700	33.7438	15.2442
khSize	1087	20.5320	30.6050	24.7036	24.2382	2.5441
khLev	1087	0.1085	0.9486	0.6202	0.6192	0.1941
khGsales	1087	−0.3596	1.0120	0.1330	0.1119	0.2222

续表

变量	观测值	最小值	最大值	平均值	中位数	标准差
khAge	1087	1. 0986	3. 4657	2. 6577	2. 7081	0. 4509
khOwnership	1087	9. 2738	86. 3473	42. 9429	41. 3828	19. 1516

4. 4. 2　回归分析

表 4-3 反映客户风险对供应商企业风险的基本回归结果。列（1）和列（2）表明，只控制供应商特征或者同时控制供应商和客户的特征，当年的客户风险都和供应商企业风险显著正相关。并且在只控制供应商特征时，回归系数为 0. 099，在 5% 的水平上显著。当同时控制客户特征之后，回归系数为 0. 104，在 5% 的水平上显著，也就是说，当加入客户特征之后，方程的解释力度也有所增加。说明当年的客户风险较高时，供应商的企业风险也会相应提高。

表 4-3　基本回归结果

变量	t 期供应商风险	
	控制供应商特征	同时控制客户特征
	（1）	（2）
khRisk	0. 099 **	0. 104 **
	（2. 38）	（2. 35）
gysSize	−0. 011 ***	−0. 011 ***
	（−3. 57）	（−3. 46）
gysLev	0. 104 ***	0. 103 ***
	（4. 76）	（4. 57）
gysGsales	0. 003	0. 002
	（0. 45）	（0. 30）
gysAge	0. 014 **	0. 015 **
	（2. 28）	（2. 24）

续表

变量	t 期供应商风险	
	控制供应商特征	同时控制客户特征
	（1）	（2）
gysOwnership	−0.001***	−0.001***
	（−4.35）	（−4.41）
khSize		0
		（0.28）
khLev		−0.024
		（−1.32）
khGsales		0.026
		（1.64）
khAge		0.012**
		（2.24）
khOwnership		0.000**
		（2.30）
年度	控制	控制
行业	控制	控制
样本量	1120	1087
F 值	5.44	4.74
R^2	0.2922	0.3033

注：***、**、*表示1%、5%、10%的显著性水平，括号内为 t 值。

这些结果说明客户风险与供应商企业风险显著正相关，这种正相关关系在同时控制供应商特征和客户特征时更加显著，这也验证了 H4-1 的成立。

4.4.3　进一步分析

在 1087 对客户和供应商均为上市公司的供应链公司数据中，按该供应商企业客户集中度的中位数分为高低组。表4-4 中列（1）和列（2）的结果显示，客户风险 khRisk 和供应商企业风险 gysRisk 的显著正相关关系只存在于客户集中度较高组，回归系数为 0.143，且在 5% 的水平显著，说明客户集中度的提高会造成供应商企业的经营风险、财务风险和破产风险进一步增加。也即当客户的重要性和依存性比较高时，客户风险对供应商企业风险的溢出效应更强。由此验证了 H4-2 的成立。

按供应商的产权性质分为国企组和非国企组。表 4-4 中列（3）和列（4）的结果显示，客户风险 khRisk 和供应商企业风险 gysRisk 的显著正相关关系只存在于非国企组，回归系数为 0.104，且在 5% 的水平显著，说明国有供应商企业即使受到客户风险的负面冲击，也会比非国有供应商企业更具抵抗力。也即在供应商企业为非国企时，客户风险对供应商企业的风险溢出效应更强。由此验证了 H4-3 的成立。

表 4-4 分组样本的差异性检验

变量	高客户集中度	低客户集中度	国企	非国企
	（1）	（2）	（3）	（4）
khRisk	0.143**	−0.021	0.114	0.104**
	（2.29）	（−0.35）	（1.30）	（2.08）
Size	−0.008	−0.005	−0.023***	−0.004
	（−1.61）	（−1.47）	（−5.15）	（−0.70）
Lev	0.134***	0.040**	0.163***	0.084**
	（4.08）	（2.00）	（4.59）	（2.29）
Gsales	0.005	−0.001	0.003	−0.002
	（0.48）	（−0.13）	（0.33）	（−0.23）
Age	0.018*	0.004	−0.011	0.025***
	（1.72）	（0.40）	（−0.93）	（2.67）
Ownership	−0.001***	−0.000***	−0.001***	−0.001***
	（−3.43）	（−2.80）	（−2.98）	（−3.02）
khSize	−0.002	0	0.001	0
	（−0.75）	（−0.20）	（0.45）	（0.21）
khLev	−0.004	−0.032	−0.032	−0.02
	（−0.13）	（−1.51）	（−1.02）	（−0.78）

续表

变量	高客户集中度	低客户集中度	国企	非国企
	(1)	(2)	(3)	(4)
khGsales	0.034	0.004	0.004	0.047**
	(1.35)	(0.39)	(0.26)	(2.00)
khAge	0.008	0.013*	0.018**	0.01
	(0.88)	(1.96)	(2.08)	(1.41)
khOwnership	0.001***	0	0.001**	0
	(2.71)	(1.25)	(2.17)	(1.51)
年度	控制	控制	控制	控制
行业	控制	控制	控制	控制
样本量	555	532	492	581
R^2	0.3908	0.2218	0.4409	0.2867

注：***、**、*表示1%、5%、10%的显著性水平，括号内为t值。

4.4.4 稳健性检验

4.4.4.1 企业风险的变量替换后实证检验结果

企业风险是本书研究的关键，对其进行稳健性测试是不可或缺的环节。为了验证结论的可靠性，采用另外两种方式对企业风险（Risk）进行衡量，即总资产息税前收益率的波动性（VOL_EBIT）和 Z 指数（Z-score）。

（1）总资产息税前收益率的波动性（VOL_EBIT）。本书借鉴 John 等（2008）和 Boubakri 等（2011）的方法，采用企业 t 年至 t+2 年经过行业年度均值调整的总资产息税前收益率的波动性（VOL_EBIT）衡量企业风险。在计算时，总资产息税前收益率经过行业年度均值调整。VOL_EBIT 越大，企业风险越高。表4-5列（1）显示：回归系数为0.093，在5%的水平显著。

（2）Z 指数（Z-score）。Altman 提出的 Z 指数（Z-score）反映了企业破产的可能性。Z-score = 1.2×营运资金/总资产+1.4×留存收益/总资产+3.3×息税前利润/总资产+0.6×股票总市值/负债账面价值+0.999×销售收入/总资产。表4-5列（2）显示：回归系数为0.130，在10%的水平显著。

4.4.4.2　只保留制造业样本后的实证检验结果

鉴于制造业在国民经济中的重要性和代表性，以及为了降低行业的差异对回归结果可能的影响，只保留A股制造业上市公司的数据，进行回归处理，表4-5列（3）显示：回归系数为0.168，在1%的水平显著。

表4-5　稳健性检验结果

变量	VOL_EBIT	Z指数	造业
	（1）	（2）	（3）
khRisk	0.093**	0.130*	0.168***
	(2.10)	(1.75)	(2.92)
Size	−0.011***	0.095**	−0.007*
	(−3.31)	(1.98)	(−1.90)
Lev	0.097***	−9.023***	0.077***
	(4.36)	(−27.02)	(2.63)
Gsales	0.003	−0.058	0.012
	(0.49)	(−0.48)	(1.01)
Age	0.016**	−0.011	0.021**
	(2.48)	(−0.06)	(2.26)
Ownership	−0.001***	0.004	−0.001***
	(−4.41)	(0.95)	(−3.63)
khSize	0	−0.017	0.001
	(0.22)	(−0.48)	(0.35)
khLev	−0.024	0.622	−0.044*
	(−1.31)	(1.18)	(−1.85)
khGsales	0.028*	0.047	0.034*
	(1.83)	(0.23)	(1.74)
khAge	0.012**	−0.396**	0.014*
	(2.19)	(−2.49)	(1.87)

续表

变量	VOL_ EBIT	Z 指数	造业
	(1)	(2)	(3)
khOwnership	0.000**	0.002	0.000**
	(2.33)	(0.56)	(2.14)
年度	控制	控制	控制
行业	控制	控制	控制
样本量	1085	939	669
R^2	0.2981	0.6828	0.3226

注：***、**、*表示1%、5%、10%的显著性水平，括号内为t值。

综上，在进行上述稳健性处理之后，本章的主要结论依然显著，当客户风险与供应商企业风险显著正相关，即客户风险对供应商企业确实具有溢出效应。

4.5 结论与政策建议

通过研究供应链企业间的风险溢出效应，得出以下主要结论：第一，在供应链上下游关系中，当客户表现较差，存在更高的风险时，这一负面冲击会传递至供应商企业，导致供应商企业的风险进一步加剧；第二，客户集中度越高的供应商企业，在面临客户风险的波及时越难以独善其身，即客户风险的溢出效应在客户集中度较高的供应商企业中表现更为显著；第三，由于国有企业的背后存在着政府的隐性担保，在面对风险时，国有供应商企业比非国有供应商企业更具抵抗力，即客户风险的溢出效应在非国有供应商企业中表现更为显著。

　　本章对监管层和供应商企业具有重要的现实意义。一方面，目前我国证监会并没有强制要求披露上市公司客户的具体信息。因此，监管层可进一步加强对于上市公司客户和供应商具体特征的披露，充分发挥供应链信息对利益相关者的决策支持作用，供应商企业也必须关注客户风险信号并及早应对。另一方面，对于供应商企业而言，核心客户的风险溢出效应更强。为此，供应商企业需要弱化对核心客户的依赖程度，强化自身的风险抵抗力，同时在选择核心客户时，尽量选择国有控股、财务状况良好的优质客户，加强企业间风险防御能力。本章也存在一定的局限性，由于非上市公司的具体特征数据难以获得，我们只能选择客户与供应商均为上市公司的样本，本章的样本选择可能存在一定的偏向性，这是此类文献研究设计上的固有缺陷。因此如何采集非上市客户的具体特征信息是未来进一步拓展的研究方向。

第5章 客户风险与融资约束

5.1 引 言

"融资难，融资贵"问题一直是制约我国经济发展的主要动因。2016 年，习近平主席在召开的经济形势专家座谈会上指出，"如何降低企业融资成本及缓解融资约束是供给侧改革中的一个关键环节"，2019 年，《国务院政府工作报告》将缓解实体经济融资约束问题列入政府工作重点。在多层次资本市场中，投资者、债权人与企业间信息不对称和委托代理问题是影响融资约束的关键因素。不同企业的财务状况、治理水平和社会地位存在差异，这就意味着不同企业的融资能力不同。现有研究表明，投资者和债权人通常依据企业的财务特征信息（申香华，2014）、治理特征信息（姚立杰，2010）、会计信息质量（李志军，2011）等来做出信贷决策，缺少对"供应链关系"这一社会资本的关注。无论是 2008 年的金融危机还是 2019 年末出现的新冠疫情，

都给实体经济发展带来了较大的不确定性，引发了许多企业出现经营危机和
财务危机，并通过供应链风险传染产生了较为严重的溢出效应和放大效应，
基于供应链上的风险溢出信息逐渐受到投资者和债权人的广泛关注。同一条
供应链上的买卖双方常为"一荣俱荣，一损俱损"的利益共同体。客户对上
游企业不仅会实施供应链整合和外部监督（Itzkowitz，2013），而且会发挥风
险传染消极效应（王雄元和高开娟，2017）。

关于客户风险对企业财务行为的影响研究，主要集中于两个层面。第
一，从供应链关系方面，紧密的客户关系意味着企业与其大客户之间业务
往来频繁，一旦客户资金链断裂，会通过供应链风险溢出，对供应商企业
产生连锁反应（彭璇和王雄元，2018），学者们认为，客户信息会影响上
游供应商企业的经济活动，主要包括企业的商业信用规模（张黎珺等，
2016）、现金持有水平（赵秀云和鲍群，2014）、信贷融资成本（王勇，
2019）、投资效率（陈运森，2015）、企业盈利能力（裴志伟和陈典发，
2016）等。第二，从供应链管理方面，一部分学者认为，为了保持稳固的
客户关系和供应链的正常运作，企业更易于体恤和向客户示好，资源互补，
帮助客户渡过难关（陈正林，2017）；还有一部分学者认为，供应链是企
业间风险传递的重要路径，在客户面临风险时，供应商提供的商业信用会
面临坏账损失和违约风险，从而造成较高的坏账成本（滕飞和夏雪等，
2020），因此企业会加快商业信用动态调整速度，趋利避害（孙兰兰和王
竹泉，2016）。本章研究认为，供应链风险溢出是制约企业融资约束水平的
重要因素，投资者和债权人不再仅仅根据企业的内在特征和银企关系来做
出信贷决策。客户风险究竟是如何通过供应链渠道传染给供应商企业？对
供应商企业融资约束水平又产生怎样的影响？这是亟待检验的问题。现有
较少从风险的供应链路径传染角度来研究企业融资约束水平问题，因此，

针对这一研究缺憾，本章从供应链传染视角，研究客户风险对企业融资约束的影响，以弥补相关研究的不足。

鉴于以上分析，利用 2007~2019 年上市公司数据，本章考察了客户风险影响企业融资约束问题。首先，本章构建了投资—现金流敏感性模型，考察了企业是否存在外部融资约束，随后利用 1089 组供应商—客户——匹配公司的年数据，实证检验客户风险对供应商企业融资约束的影响效应，进一步进行了不同货币政策松紧度、不同行业竞争水平下二者关系的异质性检验。

与已有研究相比，本章的增量贡献在于：第一，丰富了有关供应链风险溢出的研究，已有文献主要关注行业内企业间的"掠夺效应"和"支持效应"，未能说明供应链企业间风险传导机制，本章深化了基于供应链纵向传递的财务信息和非财务信息对第三方投资者、债权人行为决策的影响研究。第二，丰富了客户信息的经济后果，已有文献大多从客户集中度、客户盈余、供应商客户关系角度探究客户信息的经济后果，较少关注客户发生经营危机和财务危机时所带来的经济后果程度。第三，丰富了融资约束影响因素研究，从供应链风险溢出视角深入研究企业融资约束水平，已有文献大多从企业内特征、宏观经济政策和市场完善等角度探究融资约束影响因素，而投资者和债权人的信贷决策行为更易受到企业客户的财务状况影响，本章从动态视角考察客户风险对企业融资约束水平的影响效应，结论更具有说服力。

5.2　文献综述

5.2.1　企业融资约束影响因素

融资约束是指由于市场不完备，导致投资者、债权人与企业间信息不对称以及委托代理问题，从而引起外部融资成本高于内部融资成本的情况（Fazzari，1988）。学术界关于融资约束的影响因素主要集中在宏观经济政策（谢军和黄志忠，2014）、企业内部特征（葛结根，2017）和市场完善（马忠等，2020）等方面。

在宏观层面，主要包括宏观经济政策、监管机构鉴证信息程度、数字金融的崛起。在资本市场中，理性投资者通过提升信贷成本、抑制企业融资规模等方式对企业进行融资约束（Myser 和 Majluf，1984）。经济环境制约了企业的经营氛围和财务氛围，从而直接影响企业的业绩状况，从总体上决定了企业融资能力（韩东平和张鹏，2015）、影响企业的融资供给侧（张光利和许洋，2018）。货币政策宽松还是紧缩直接决定了银行的信贷规模，供给侧的变化显然会对企业的融资额度、融资成本和借贷期限等产生影响。中介机构鉴证公开信息，由此影响企业融资效率（宫义飞和郭兰，2012）。证监会的处罚公告增加了企业违约风险，提高企业融资成本和融资约束水平（刘星和陈西婵，2018）。另外，数字金融的问世和发展改善了企业融资环境，给融资约束问题提供了全新的机遇和挑战（谢平和邹传伟，2015）。

在微观层面，主要是指公司治理结构。就公司治理而言，董秘的社会资源能够在一定程度上解决信息不对称问题，提高企业信息披露的质量和透明度，从而对外部投资者和债权人的信息集和信贷决策产生影响（曾颖和陆正飞，2006；康立和肖云峰，2020）。战略差异直接影响企业的风险特征、会计稳健性以及财务业绩，进而间接制约企业的融资能力（胡刘芬，2021）。员工持股计划作为企业内部的利润激励政策，在优化企业内部产权结构配置的同时影响企业融资约束水平（化兵和乔晓龙，2021）。

5.2.2 供应链关系对企业的影响

客户作为供应商企业至关重要的外部利益相关者，对供应商企业生产经营和战略决策的诸多方面产生影响，一些学者开始重视供应链往来对企业财务状况的影响（王雄元等，2015；马黎珺等，2016）。已有研究发现，作为重要的外部利益相关者客户能够影响企业融资成本、会计稳健性、投资效率以及现金持有等行为（王勇，2019；底璐璐等，2020）。

客户对供应商企业的影响具有两面性。但在我国这样一个法律有待健全的转型经济体中，企业更加倾向于用"关系"来保证交易的进行（Rajan et al.，1998），良好的供应商客户关系能够使合作和信息传递机制更有效（Cen et al.，2017），发挥供应链协同效应，促进企业业绩提高，提升经营效率（Patatoukas，2012），对定向增发中的机会主义行为具有监督作用，客户促进供应商企业战略绩效的提升（滕飞和夏雪，2020）。与客户有战略联盟的企业可维持较低的债务水平（Banerjee et al.，2008），当客户有较高盈利时，供应商的违约风险下降，就会获得更优惠的银行贷款（Kim et al.，2015）。

另外，已有研究发现企业的各种风险会随着供应链渠道传染给供应商企业。客户股价崩盘风险会牵连供应商企业股价发生崩盘（彭旋和王雄元，2018）。股价暴跌风险与企业创新水平负相关，信息环境的改善可以缓解这种不利影响（江轩宇和陈玥，2020）。鲍群和毛亚男（2020）探究了客户风险的供应链溢出效应问题。但鲜有文献研究客户行为对供应商企业投资者信贷决策的影响，本章实证分析与检验了客户风险如何通过供应链传染给企业，进而影响到企业的融资约束水平。

5.3　理论基础和研究假设

5.3.1　客户风险对企业融资约束影响

依据信息不对称理论和委托代理理论，在资本市场中，上市公司普遍存在信息披露质量不高等现象，银行等金融机构则在信贷过程中处于信息不利地位。为了降低信贷风险，在进行信贷决策时，各类金融机构会提高贷款利率、限制贷款资金额度的使用范围等，从而大幅度提升企业融资成本和融资约束水平（康立和肖云峰，2020）。

下游客户公开披露的信息能否影响供应商企业债权人和投资者的信贷决策，首先取决于该公开信息对于投资者评价企业信用风险是否具有价值。与此同时，投资者和债权人具有较强的信息采集能力，除收集公开信息外，还可以获得与信用风险相关的客户私有信息（王勇，2019）。客户风险对供应商企业负向外溢效应主要通过以下两个方面对供应商企业信用风险产生影响。

第一，客户风险高低会影响其履约能力，增加商业信用期限和应收账款坏账损失。当客户经营业绩下滑时，其遵守合同契约的能力与意愿下降（Jarrow et al.，2001；Files et al.，2017），进而影响供应商企业资金周转效率，引发现金流危机，提高信用风险。与此同时，客户风险会使得其对上游供应商的产品需求出现断崖式下滑，企业短期内无法转换客户资源，意味着企业议价能力下降，此时客户要求供应商企业提供更多的商业信用优惠条款，进一步对上游企业的现金流造成不利影响，因此不利于债权人和投资者评价企业偿还贷款的能力。此外，企业无法开辟出新的营销渠道，供应商企业为了维持稳固的供应链关系和保持供应链的协同运作，降低企业未来的销售收入风险，谨防弱化企业未来创造现金流的能力，基于风险共担动机提供更多商业信用，帮客户渡过难关，进而也会造成企业短期现金流危机，影响融资能力。

第二，客户风险会降低上游供应商关系专有资产的抵押价值，从而影响投资者对其信用风险的评价。当客户面临财务危机时，其财务风险实质上是由所有利益相关者共同承担，供应商企业难以在供应链关系中抽离出来，其所承担的这种额外风险显然会降低关系资产的价值（王勇，2019）。特别当面对大客户时，供应商企业与核心客户建立了紧密的竞合博弈关系，并且投入了更多的专有资产，一旦客户风险引起供应链双方契约关系终止，关系专有资产将会被大量贬值，同时面对高额的转换成本，这使得企业无法通过关系专有资产的抵押来改善信用状况，弱化信用风险。鉴于以上分析，提出如下假设：

H5-1：在信息不对称和委托代理理论的情况下，我国上市公司存在外部融资约束。

H5-2：基于供应链风险溢出效应，客户风险越高，企业融资约束水平越大。

5.3.2 货币政策的调节作用

货币政策能够传递市场信号，影响银行的市场预期和信贷决策，其主要通过利率和信贷两方面影响企业的融资约束问题。货币政策传导理论认为，货币政策从制定到对企业投融资等经济活动行为产生影响主要是通过货币和信贷两个渠道实现的（肖健，2020）。当货币政策宽松时，企业通过刺激总需求来提升产品市场有效需求，从而增强企业获利能力（钟凯等，2016），弱化由于客户风险溢出产生的负向放大效应，降低企业经营风险。与此同时，宽松的货币政策能够有效提高银行信贷总供给量，增强银行贷款的积极性，即使因为客户风险传染影响企业经营状况时，银行贷款条件也会宽松，进而能够改善企业外部融资环境，提高融资能力（盛天翔和张勇，2019；李小林等，2021）。鉴于以上分析，提出如下假设：

H5-3：宽松的货币政策可以缓解客户风险对企业融资约束的正向影响。

5.3.3　行业竞争力的调节作用

在资本市场中，不同的行业竞争程度会通过"掠夺效应"机会主义行为对主体企业产生差异化的影响。具体而言，当企业所处的行业竞争状态激烈时，行业内其他竞争对手的"掠夺行为"对企业造成经营不确定性风险（姚震和郑禹等，2020）。企业客户风险较高，基于供应链风险传染便使得供应商企业竞争地位显著降低，此时若企业处在竞争激烈的行业中，其所面临的处境更加严峻，行业内其他企业的"掠夺行为"所造成的影响更大。同时，竞争激烈的行业都会面临市场份额较小、成长速度较慢、投资机会较少的缺点。投资者和债权人等金融机构在做出信贷决策时提出的要求更高，造成供应商企业融资约束水平显著增大。鉴于以上分析，提出如下假设：

H5-4：较高的行业竞争力可以增强客户风险对企业融资约束的正向影响。

5.4　研究设计

5.4.1　数据与样本

本章以 2007~2019 年沪深 A 股上市公司的面板数据为初始样本，参照鲍群等（2017）的做法对所得样本进行如下处理：①剔除 ST 和金融业的上市企业；②删除前五大客户未披露销售占比的企业；③剔除研究数据缺失的样本；④为了降低极端值对回归结果的影响，本章对所有连续变量进行上下1%的缩尾处理。本章数据来自供应商与客户均为上市公司的企业，而且做了供应商客户年度匹配的数据。手工收集客户相关数据，其他数据源于 CSMAR数据库。经过以上筛选，最终得到 1089 组供应商—客户——匹配数据。

5.4.2　变量定义与模型设定

5.4.2.1　被解释变量

关于企业融资约束（Invest）的度量还未得出统一的结论，现有研究主要从三个类别度量融资约束：利用企业特征建立 KZ、SA、WWS 等指数；现金持有—现金流量敏感性模型；投资—现金流量敏感性模型。Fazzari 和 Peters（1998）认为，信息不对称问题引起的交易成本导致企业外部融资成本提高，使得融资能力较差的企业依赖于更多的内部资金投资，据此认为，投资对现金流的波动呈现出更高的"敏感性"，现金流（CashFlow）的敏感系数越大，代表企业依赖内部资金投资的程度更深，进而表明企业面临的外部融资约束水平更高，其值等于经营活动现金流量净额除以总资产。鉴于以上分析，本章选择投资—现金流量敏感性模型度量融资约束水平，企业资本支出水平（Invest）作为被解释变量，其值等于购建固定资产、无形资产和其他长期资产所支付的现金除以资产总额。

5.4.2.2　解释变量

客户风险（Risk），度量企业风险承担水平的模型有很多，现有研究对其衡量指标主要包括：Z 指数、盈利波动性、股票收益率波动性、资产负债率、杠杆系数，其中盈余波动性是衡量企业风险承担最常用指标（何瑛，2019）。本章借鉴刘行（2016）和洪金明等（2021）的研究，用资产收益率（ROA）的波动程度衡量企业风险承担水平，该指标波动程度越大，说明企业风险越高，借鉴 Coles（2004）和余明桂（2013）的研究，采用年份滚动的方法以每 5 年为一个观测时段，计算样本企业在每个时段内股票收益率（ri）的标准差。计算过程如下：

$$risk = \sqrt{\frac{1}{N-1}\sum_{n=1}^{N}\left(ADJ\_ROA_{in} - \frac{1}{N}\sum_{n=1}^{N}ADJ\_ROA_{in}\right)^2},\ N = 5 \qquad (5\text{-}1)$$

其中，$ADJ\_ROA_{in} = ROA_{in} - \frac{1}{X}\sum_{k=1}^{X}ROA_{kn}$。

5.4.2.3　控制变量

借鉴现有文献，货币政策（MP）用货币供应量 M2 增长率等于 GDP 增长率加 CPI 预计调整率加一个包含各种不可预测变量的 2~3 个百分点的方法计算，其中，GDP 增长率表示商品的实物量，CPI 的增长率表示价格，该指标越大表明货币政策越宽松（陆正飞和杨德明，2011）。行业竞争力用赫芬达尔—赫希曼指数（HHI）度量，该指标越小表明行业竞争越激烈，具体计算公式如下：

$$HHI = \sum_{i=1}^{N} \left(\frac{X_i}{X} \right)^2 \qquad (5-2)$$

其中，X 为行业总资产规模，N 为该行业的企业总数。

其他控制变量借鉴康立和肖云峰（2020）的研究，在常规影响融资约束的控制变量中引入客户特征因素，本章的控制变量分为供应商企业治理层面、经营层面和客户层面。包括企业成长性（Growth）、企业年龄（Age）、资产收益率（ROA）、第一大股东持股比例（Hold）、短期流动负债变动（Std）、管理层持股（Msh）、客户年龄（KHAge）和客户资产收益率（KHROA）。另外还包括货币政策（MP）、行业竞争力（HHI）调节变量，同时控制了年度和行业。变量的计算方式如表 5-1 所示。

表 5-1　变量定义表

变量名称	符号	计算方法
总资产水平	Invest	购建固定资产、无形资产和其他长期资产所支付的现金/资产总额
客户风险	Risk	资产收益率的波动程度
经营性现金流	CashFlow	经营活动现金流量净额/总资产
成长性	Growth	（期末营业收入-期初营业收入）/期末营业收入
成立年龄	Age	成立年限+1 的自然对数
资产收益率	ROA	净利润/总资产
第一大股东持股比例	Hold	第一大股东持股数/总股数
短期流动负债变动	Std	（第 t 年短期流动负债-第 t-1 年短期流动负债）/第 t 年总资产
管理层持股	Msh	管理层持股数/总股数
客户年龄	KHAge	客户成立年限+1 的自然对数
客户资产收益率	KHROA	客户净利润/总资产
货币政策	MP	M2 增长率-GDP 增长率-CPI 增长率
行业竞争力	HHI	赫芬达尔—赫希曼指数
行业虚拟变量	Industry	所属行业
年份虚拟变量	year	所属年份

5.4.2.4 模型设定

采用投资—现金流敏感性模型衡量融资约束水平的基本模型式（5-3）如下：

$$\left(\frac{I}{K}\right)_{it} = f\left(\frac{X}{K}\right)_{it} + g\left(\frac{CF}{K}\right)_{it} + \varepsilon_{i,t} \tag{5-3}$$

其中，I 表示投资支出，CF 表示经营活动现金流量，X 表示理论上决定企业投资需求的变量，g 表示企业投资对内部现金流波动的敏感度。

因投资—现金流敏感性模型有着充分的理论支持，本章借鉴万良勇（2015）、王堃和唐英凯等（2020）的研究，采用投资—现金流敏感性模型验证企业存在外部融资约束，即 H5-1，其中敏感性系数作为融资约束的度量指标，构建模型（5-4）如下：

$$Invest_{i,t} = \alpha_0 + \alpha_1 CashFlow_{i,t} + \alpha_2 Growth_{i,t} + \alpha_3 Age_{i,t} + \alpha_4 ROA_{i,t} + \alpha_5 Hold_{i,t} +$$

$$\alpha_6 Std_{i,t} + \alpha_7 Msh_{i,t} + \sum Industry + \sum year + \varepsilon_{i,t} \tag{5-4}$$

为研究客户风险与融资约束之间的关系，即 H5-2，在模型（5-4）的基础上加入客户风险，同时添加客户年龄（KHAge）和客户资产收益率（KHROA）等客户特征因素，构建模型（5-5）：

$$Invest_{i,t} = \alpha_0 + \alpha_1 CashFlow_{i,t} + \alpha_2 CashFlow_{i,t} * risk_{i,t} + \alpha_3 risk_{i,t} + \alpha_4 Growth_{i,t} +$$

$$\alpha_5 Age_{i,t} + \alpha_6 ROA_{i,t} + \alpha_7 Hold_{i,t} + \alpha_8 Std_{i,t} + \alpha_9 Msh_{i,t} + \alpha_{10} KHAge_{i,t} +$$

$$\alpha_{11} KHROA_{i,t} + \sum Industry + \sum year + \varepsilon_{i,t} \tag{5-5}$$

针对客户风险、货币政策（行业竞争力）和融资约束三者之间的关系，验证货币政策、行业竞争力在客户风险与融资约束之间的影响作用，即 H5-3 和 H5-4，在模型（5-5）的基础上分别加上货币政策（MP）、赫芬达尔—赫希曼指数（HHI），构建模型（5-6）和模型（5-7）。

$$Invest_{i,t} = \alpha_0 + \alpha_1 CashFlow_{i,t} + \alpha_2 CashFlow_{i,t} * risk_{i,t} + \alpha_3 risk_{i,t} + \alpha_4 CashFlow_{i,t} *$$

$$risk_{i,t} * MP_{i,t} + \alpha_5 MP_{i,t} + \alpha_6 Growth_{i,t} + \alpha_7 Age_{i,t} + \alpha_8 ROA_{i,t} + \alpha_9 Hold_{i,t} +$$

$$\alpha_{10} Std_{i,t} + \alpha_{11} Msh_{i,t} + \alpha_{12} KHAge_{i,t} + \alpha_{13} KHROA_{i,t} + \sum Industry +$$

$$\sum year + \varepsilon_{i,t} \tag{5-6}$$

$$Invest_{i,t} = \alpha_0 + \alpha_1 CashFlow_{i,t} + \alpha_2 CashFlow_{i,t} * risk_{i,t} + \alpha_3 risk_{i,t} + \alpha_4 CashFlow_{i,t} *$$

$$risk_{i,t} * HHI_{i,t} + \alpha_5 HHI_{i,t} + \alpha_6 Growth_{i,t} + \alpha_7 Age_{i,t} + \alpha_8 ROA_{i,t} + \alpha_9 Hold_{i,t} +$$

$$\alpha_{10} Std_{i,t} + \alpha_{11} Msh_{i,t} + \alpha_{12} KHAge_{i,t} + \alpha_{13} KHROA_{i,t} + \sum Industry +$$

$$\sum year + \varepsilon_{i,t} \tag{5-7}$$

式（5-3）至（5-7）中，α 为系数值，ε 为残差项，i 表示不同企业，t 表示年份，$CashFlow$ 的系数 α_1 为投资—现金流敏感度。

5.5 实证分析与结果

5.5.1 描述性统计与相关性分析

各变量全样本描述性统计结果如表5-2所示。Invest 的最大值是 0.2378，均值是 0.0564，最小值是 0.0003，说明上市企业的资本支出存在差异；经营现金流量 CashFlow 的均值为 0.0399，说明每年经营现金流量占总资产的 3.99%；客户风险 risk 的均值为 0.0428，说明有 4.28% 的企业客户面临高风险，可以看出整体上存在高风险的企业客户较少。表5-3是各主要变量的 Pearson 的相关系数矩阵，检验结果显示，客户风险与资本支出显著正相关，主要变量之间的相关性系数不超过 0.5，由此可以得出各个变量之间不存在严重的多重共线性。资本支出、经营活动现金流和客户风险之间也存在显著的相关关系。

表 5-2 描述性统计

变量	观测值	最小值	最大值	平均值	中位数	标准差
Invest	1089	0.0003	0.2378	0.0564	0.0421	0.0500
CashFlow	1089	−0.1541	0.2137	0.0399	0.0385	0.0661
Risk	1089	0.0016	0.2502	0.0428	0.0183	0.0655
Growth	1089	−0.9327	2.1035	0.1066	0.0962	0.4388
Age	1089	1.0986	3.4340	2.6837	2.7726	0.4281
ROA	1089	−0.2848	0.1717	0.0384	0.0398	0.0598
Hold	1089	0.1047	0.7713	0.3629	0.3393	0.1532
Std	1089	−3.6152	0.3330	−0.0837	0.0260	0.5541
Msh	1089	0.0000	0.6923	0.1415	0.0019	0.2110
KHAge	1089	1.6094	3.4340	2.7566	2.8332	0.3586
KHROA	1089	−0.0841	0.1783	0.0438	0.0382	0.0435

5.5.2 回归结果与解释

5.5.2.1 投资—现金流敏感性模型回归结果

表 5-4 列（1）结果显示，资本支出与经营活动现金流量的系数为 0.0832，在 1% 的水平上显著为正，由此说明沪深 A 股上市公司普遍存在外部融资约束。原因在于企业融资受阻时，为了维持企业规模和提高经营业绩，企业一般会选择从内部现金流中抽取部分资金来进行投资，鉴于以上分析，投资—现金流敏感性系数显著为正。因此假设 H5-1 得到验证。

表 5-3　相关性系数检验结果

变量	Invest	CashFlow	Risk	hold	Std	Msh	ROA	Growth	Age	KHROA	KHAge
Invest	1.000										
CashFlow	0.186***	1.000									
Risk	0.065**	-0.114***	1.000								
Hold	0.102***	0.123***	-0.075**	1.000							
Std	0.008	0.048	-0.065**	0.011	1.000						
Msh	0.133***	-0.055*	0.014	-0.123***	-0.130***	1.000					
ROA	0.077**	0.014	-0.002	0.056*	-0.137***	0.075**	1.000				
Growth	-0.018	-0.021	-0.002	-0.023	0.013	-0.019	0.007	1.000			
Age	-0.220***	0.020	-0.156***	-0.169***	0.087***	-0.220***	-0.081***	0.025	1.000		
KHROA	0.087***	0.015	-0.161***	-0.038	-0.006	0.093***	0.073***	0.004	-0.082***	1.000	
KHAge	-0.057*	0.011	-0.093***	-0.085***	0.033	0.018	-0.026	0.007	0.252***	-0.102***	1.000

注：***、**、*表示1%、5%、10%的显著性水平。

表 5-4 基本回归结果

变量	（1）	（2）
	Invest	Invest
CashFlow	0. 0832 ***	0. 0690 **
	（20. 16）	（2. 48）
Risk		0. 0353
		（1. 50）
Risk×CashFlow		0. 8925 **
		（2. 27）
Hold	0. 0027	0. 0203 **
	（1. 41）	（2. 06）
Std	0. 0036 ***	0. 0096 ***
	（6. 35）	（3. 30）
Msh	0. 0253 ***	0. 0347 ***
	（16. 59）	（4. 75）
ROA	0. 0417 ***	0. 0520 **
	（8. 43）	（2. 03）
Growth	0. 0007 *	−0. 0020
	（1. 85）	（−0. 55）
Age	−0. 0143 ***	−0. 0077 *
	（−16. 64）	（−1. 89）
KHROA		0. 0945 ***
		（2. 91）
KHAge		0. 0056
		（1. 24）
常数项	0. 1005 ***	0. 0982 ***
	（28. 68）	（2. 97）
年度	Yes	Yes
行业	Yes	Yes
样本量	28391	1089
R^2	0. 1508	0. 2101

注：*** 、** 、* 表示1%、5%和10%的显著性水平，括号内为 t 值。

5.5.2.2 客户风险对企业融资约束的影响

表5-4的列（2）是全样本客户风险与企业融资约束的回归结果。其中，客户风险和经营活动现金流量交互项前的系数，表示投资—现金流敏感性受企业客户风险的影响程度。若交互项系数显著为正，则表明客户风险越高会加剧企业外部融资约束水平，且系数越大发挥的作用越大。表5-4的列（2）结果显示，客户风险与经营活动现金流交互项的系数在5%的水平上显著为正，且经营活动现金流对资本支出的参数估计值为0.0690，并在5%的水平上显著为正。这说明，客户风险越高，企业面临的融资约束水平越高。因此假设H5-2得到验证。

5.5.2.3 货币政策和行业竞争力对客户风险与企业融资约束关系的影响

表5-5回归结果显示，从整体上看，分别引入货币政策、行业竞争力后，客户风险、货币政策、经营现金流量三者交互项的系数为-0.2433，在10%的水平显著为负，表明相较于货币政策紧缩，货币政策宽松时的融资约束水平受到企业客户风险的影响较小；客户风险、行业竞争力、资本支出三者交互项的系数为-6.6113，在10%的水平显著为负，表明相对于处在竞争程度低的行业中的企业，客户风险对融资约束的正向影响对处于行业竞争程度高的企业作用更显著。因此H5-3和H5-4得到验证。

表5-5 调节效应回归结果

变量	(1)	(2)
	Invest	Invest
CashFlow	0.0899***	0.0736***
	(2.74)	(2.61)
Risk	0.0286	0.0371
	(1.16)	(1.57)

续表

变量	（1） Invest	（2） Invest
Risk×CashFlow	1.4678* （1.70）	1.4242*** （2.75）
Risk×CashFlow * MP	−0.2433* （−1.69）	
MP	0.0008 （1.15）	
Risk×CashFlow * HHI		−6.6113* （−1.67）
HHI		0.0248 （1.25）
Hold	0.0235*** （2.60）	0.0204** （2.07）
Std	0.0394*** （4.38）	0.0094*** （3.10）
Msh	0.0314*** （4.74）	0.0351*** （4.79）
ROA	0.0536 （1.45）	0.0513* （1.94）
Growth	−0.0082* （−1.68）	−0.0021 （−0.57）
Age	−0.0094** （−2.34）	−0.0077* （−1.90）
KHROA	0.1127*** （3.29）	0.0989*** （3.00）
KHAge	0.0031 （0.70）	0.0058 （1.29）
常数项	0.0840*** （2.86）	0.0941*** （2.84）
年度	Yes	Yes

续表

变量	（1）	（2）
	Invest	Invest
行业	Yes	Yes
样本量	1089	1088
R^2	0.2203	0.2101

注：***、**、*表示1%、5%和10%的显著性水平，括号内为t值。

5.5.3　稳健性检验

5.5.3.1　替换解释变量

借鉴洪金明等（2021）的研究，将观测期定义为从 t 年到 t+2 年重新定义客户风险承担水平，代入模型（5-5）。经检验，替换后的客户风险使得回归结果与前文保持一致，因此结论具有稳健性。回归结果如表5-6列（1）所示。

表 5-6　稳健性检验结果 1

变量	（1）	（2）
	Invest	Invest
CashFlow	0.0734***	0.0649**
	(2.77)	(2.27)
Risk	0.0338	0.0296
	(1.58)	(1.23)
Risk * CashFlow	0.9821**	0.8667**
	(2.49)	(2.18)
Hold	0.0198**	0.0172*
	(2.01)	(1.69)
Std	0.0097***	0.0107***
	(3.32)	(3.59)

变量	（1）	（2）
	Invest	Invest
Msh	0.0351***	0.0301***
	（4.80）	（3.71）
ROA	0.0481*	0.0617**
	（1.87）	（2.25）
Growth	−0.0020	−0.0035
	（−0.55）	（−0.94）
Age	−0.0078*	−0.0073*
	（−1.92）	（−1.77）
Size		0.0003
		（0.22）
Dual		0.0100***
		（2.75）
Board		−0.0017
		（−0.51）
PPE		−0.0020
		（−0.21）
KHROA	0.0877***	0.0852**
	（2.66）	（2.56）
KHAge	0.0050	0.0073
	（1.11）	（1.60）
常数量	0.0997***	0.0889**
	（3.02）	（2.05）
年度	Yes	Yes
行业	Yes	Yes
样本量	1088	1062
R^2	0.2089	0.2146

注：***、**、*表示1%、5%和10%的显著性水平，括号内为t值。

5.5.3.2　其他敏感性测试

为了防止变量遗漏引起客户风险与供应商企业外部融资约束水平的正相

关关系，模型中加入企业规模（Size）、董事长总经理兼任（Dual）、董事会规模（Board）和有形资产比率（PPE）等变量作为控制变量，回归结果如表5-6列（2）所示。另外，只考虑制造业，将制造业以外的行业剔除，回归结果如表5-7列（1）所示。为了防止国有控股企业私有化信息的影响，本文选取非国有企业样本重新进行基本回归，实证结果如表5-7列（2）所示。上述回归结果均与前文一致，因此结论具有稳健性。

表5-7 稳健性检验结果2

变量	（1）	（2）
	Invest	Invest
CashFlow	0.0260	0.0620
	(0.69)	(1.40)
Risk	0.0119	0.0805 **
	(0.42)	(2.49)
Risk×CashFlow	1.5114 ***	0.9565 *
	(3.06)	(1.90)
Hold	0.0142	0.0042
	(1.15)	(0.25)
Std	0.0099 ***	0.0092 ***
	(3.19)	(2.63)
Msh	0.0401 ***	0.0273 **
	(4.80)	(2.49)
ROA	0.0252	−0.0070
	(0.66)	(−0.11)
Growth	−0.0081	0.0010
	(−1.51)	(0.19)
Age	−0.0081	−0.0070
	(−1.60)	(−1.18)
KHROA	0.0550	0.0435
	(1.38)	(0.84)
KHAge	0.0112 **	−0.0023
	(2.04)	(−0.33)

续表

变量	(1)	(2)
	Invest	Invest
常数项	0.0169 (0.56)	0.1110* (1.93)
年度	Yes	Yes
行业	Yes	Yes
样本量	694	439
R^2	0.1644	0.2015

注：***、**、*表示1%、5%和10%的显著性水平，括号内为t值。

5.5.3.3 替换模型

现有研究对融资约束的度量不统一，其中 SA 指数的使用较为普遍，本章借鉴 HadLock 和 Pierce（2010）、吴迪和刘斌（2021）的方法构建 SA 指数，SA = −0.737×Size+0.043Size^2−0.04×Age，其中 Size 为企业规模，Age 为成立年限，用 SA 的绝对值来度量融资约束（FC），SA 绝对值越大，企业融资约束水平越高。另外，考虑到中国股票市场波动性较强，故采用股票收益率波动性指标（CRT）度量企业风险。同时，在模型中加入可能会影响融资约束的控制变量，构建模型（5-8）如下：

$$FC_{i,t} = \alpha_0 + \alpha_1 CRT_{i,t} + \alpha_2 CashFlow_{i,t} + \alpha_3 Age_{i,t} + \alpha_4 Size_{i,t} + \alpha_5 PPE_{i,t} + \alpha_6 Lev_{i,t} +$$

$$\alpha_7 Hold_{i,t} + \alpha_8 Msh_{i,t} + \alpha_9 ROA_{i,t} + \alpha_{10} Growth_{i,t} + \alpha_{11} Dual_{i,t} + \alpha_{12} KHROA_{i,t} +$$

$$\alpha_{13} KHAge_{i,t} + \sum Industry + \sum year + \varepsilon_{i,t} \qquad (5-8)$$

回归结果如表 5-8 所示，CRT 的系数显著为正，表明客户风险越高，企业融资约束水平越大，这与前文保持一致，因此结论具有稳健性。

客户风险的供应链溢出及经济影响研究

表 5-8　稳健性检验结果 3

变量	(1)
	FC
CRT	0.0103 ** (2.21)
CashFlow	0.0303 (1.30)
Age	0.0811 *** (19.69)
Size	0.0023 (1.57)
PPE	0.0004 (0.04)
Lev	0.0044 (0.48)
Hold	−0.0371 *** (−3.70)
Msh	−0.0183 ** (−2.32)
ROA	0.0495 * (1.66)
Growth	0.0039 (1.22)
Dual	−0.0203 *** (−5.64)
KHROA	0.0551 (1.64)
KHAge	0.0042 (0.95)
常数项	1.0518 *** (18.96)
年度	Yes

续表

变量	（1）
	FC
行业	Yes
样本量	1032
R^2	0.5525

注：＊＊＊、＊＊、＊表示 1%、5% 和 10% 的显著性水平，括号内为 t 值。

5.5.3.4　内生性

（1）两阶段最小二乘法。由前文检验可得，客户风险影响企业外部融资约束水平，而企业融资能力也会约束客户风险活动的进行，因此采用工具变量法以缓解反向因果导致的内生性问题。本书采用 Ebbes 等（2016）提出的含交互项的两阶段最小二乘法，同时借鉴余明桂（2006）、苗妙和廖诗雨（2020）的研究，引入客户风险承担的滞后一期（L. Risk）和企业客户的管理者过度自信（OC）作为客户风险的工具变量，对模型（5-5）进行进一步检验。其中管理者过度自信影响风险承担水平（余明桂等，2013），且客户管理者过度自信指标并不直接影响供应商企业外部融资约束水平，满足外生性要求。本书借鉴魏哲海（2018）的研究，使用总经理个人特征来构建衡量管理者过度自信。回归结果如表 5-9 和表 5-10 所示。如列（1）和列（2）所示，在第一阶段回归结果中，第一步回归的 L. Risk、OC 与第二阶段的 L. Risk×CashFlow、OC×CashFlow 显著性水平均超过 5%，并且第一阶段两次回归的 F 统计量值均超过 10，则可以说明不存在弱工具变量问题。列（3）所示，变量 Risk×CashFlow 符号为正且显著，表明在使用工具变量处理可能存在的内生性问题后，结论仍然具有稳健性。

表 5-9　两阶段最小二乘法回归结果 1

变量	（1）	（2）	（3）
	Risk	Risk×Cashflow	Invest
L. Risk	0.8147***	−0.0002	
	(13.90)	(−0.05)	
L. Risk×CashFlow	−1.1793	0.6611***	
	(−1.55)	(3.35)	
Risk			0.0847
			(1.42)
Risk×CashFlow			1.6162**
			(2.52)
Hold	−0.0036	0.0016	−0.0133
	(−0.28)	(1.44)	(−0.64)
Std	0.0043	0.0002	0.0569***
	(0.56)	(0.23)	(3.69)
Msh	−0.0028	0.0001	0.0274**
	(−0.33)	(0.30)	(2.17)
ROA	−0.0026	−0.0012*	0.0477***
	(−0.56)	(−1.72)	(4.42)
Growth	0.0082	0.0008	−0.0148*
	(1.34)	(1.38)	(−1.90)
Age	−0.0041	−0.0001	−0.0070
	(−0.75)	(−0.23)	(−0.86)
KHROA	−0.0643	−0.0025	0.1066*
	(−1.47)	(−0.69)	(1.74)
KHAge	−0.0129**	−0.0006	0.0095
	(−2.17)	(−1.17)	(1.13)
常数项	0.0404**	0.0016	0.1400***
	(2.21)	(1.17)	(4.35)
年度	Yes	Yes	Yes
行业	Yes	Yes	Yes
样本量	485	485	485
R^2	0.6173	0.6185	0.2351

注：***、**、*表示1%、5%和10%的显著性水平，括号内为 t 值。

表 5-10 两阶段最小二乘法回归结果 2

变量	(1)	(2)	(3)
	Risk	Risk×Cashflow	Invest
OC	0.0502**	−0.0036*	
	(2.43)	(−1.82)	
OC×CashFlow	−0.0781	0.0591***	
	(−1.63)	(6.40)	
Risk			0.1053
			(0.33)
Risk×CashFlow			2.4237***
			(3.39)
Hold	−0.0054	0.0014	0.0248**
	(−0.37)	(1.16)	(2.14)
Std	−0.0000	−0.0001	0.0030
	(−0.01)	(−1.21)	(1.28)
Msh	−0.0137	−0.0009	0.0338***
	(−1.27)	(−1.08)	(3.18)
ROA	−0.0054*	−0.0010***	0.0143***
	(−1.70)	(−4.41)	(4.20)
Growth	−0.0022	−0.0002*	−0.0012
	(−1.44)	(−1.69)	(−0.69)
Age	−0.0163**	−0.0005	−0.0104
	(−2.16)	(−0.81)	(−1.35)
KHROA	−0.1725***	−0.0015	0.0913
	(−3.27)	(−0.38)	(1.42)
KHAge	−0.0022	0.0004	0.0106
	(−0.24)	(0.65)	(1.59)
常数项	0.0973**	0.0001	0.0344
	(2.12)	(0.02)	(0.74)
年度	Yes	Yes	Yes
行业	Yes	Yes	Yes
样本量	855	855	855
R^2	0.0732	0.2716	0.1756

注：***、**、*表示1%、5%和10%的显著性水平，括号内为t值。

（2）Heckman 两阶段。本章研究中客户风险对应的样本可能不是随机的，而是理性选择的结果，客户风险与企业融资约束之间可能存在由于样本偏差和自选择导致的内生性问题。为此，本章采用 Heckman 两阶段回归再次进行检验。

第一阶段，以平均数为分界点将客户风险 risk 转变为虚拟变量，处于风险承担平均数以上取值为 1，平均数以下取值为 0，借鉴 Faccio（2011）和张鑫等（2020）的研究，选择企业规模 Size、资产负债率 Lev、资产收益率 ROA、成立年限 Age、企业成长性 Growth，作为风险承担水平的主要影响因素，构建第一阶段的 Probit 模型（5-9）如下：

$$risk_{i,t} = \alpha_0 + \alpha_1 Size_{i,t} + \alpha_2 Lev_{i,t} + \alpha_3 ROA_{i,t} + \alpha_4 Age_{i,t} + \alpha_5 Growth_{i,t} + \sum Industry +$$

$$\sum year + \varepsilon_{i,t} \tag{5-9}$$

通过对模型（5-9）进行 Probit 回归后得到逆米尔斯比（IMR），并将其作为控制变量代入模型（5-5）重新进行回归来检验前文假设。回归结果表明第二阶段回归的 IMR 系数不显著且 risk×CashFlow 的系数依然显著为正，由此可以表明本章的样本自选择问题并不严重，结论具有稳健性。

5.6 结论与建议

本章以 2007~2019 年为时间区间，选取沪深 A 股上市企业 1089 组供应商——客户——匹配的面板数据为研究样本，通过经调整的投资—现金流敏感性模型，分析客户风险与融资约束的相关关系，并引入货币政策和行业竞争力变量，研究货币政策、行业竞争力对二者关系可能存在的影响作用，得到以下研究结论：①信息不对称和委托代理理论的存在，解释了我国上市企业普遍存在外部融资约束问题。②基于供应链风险溢出效应，客户风险会增强供应商企业外部融资约束水平。这是因为客户风险会降低其履约能力和关系专有资产的抵押价值，同一条供应链上的买卖双方常为"一荣俱荣，一损俱损"的利益共同体，供应商企业难以从供应链中脱离出来，下游客户公开披露的信息能影响供应商企业债权人和投资者的信贷决策，投资者和债权人具有较强的信息采集能力，除了收集公开信息外，还可以获得与信用风险相关的客户私有信息。③宽松的货币政策会缓解客户风险引起的供应商企业外部融资约束问题，这是因为宏观货币政策主要通过制约银行信贷资产价格，从而造成信贷市场的系统性改变，我国上市企业融资渠道相对较少，企业大多通过银行进行融资活动，当货币政策宽松时，企业受到客户风险的影响较小，从而更易获得银行信贷资源；行业竞争力激烈时，会放大客户风险对供应商企业的负向溢出效应，降低企业融资能力，这是因为供应链风险溢出影响供应商企业经营业绩，此时若行业竞争激烈，企业受到同行业其他企业的掠夺行为更严重，债权人和投资者基于这些信息会增加融资条件。

为了更深一步活跃供应链上信息传导和融资市场，基于上述结论本章提出如下建议：首先，企业在做融资决策时，不仅要关注宏观经济政策和企业内部治理结构，更要考虑关联企业间公开信息和私有信息的影响，特别是上下游企业，因为供应商和客户制约着企业的生产经营活动；其次，企业在货币政策紧缩和行业竞争力激烈时，较少依赖于客户资源，因为此时若客户面临风险，会放大客户风险的负向溢出效应，影响投资者和债权人的信贷决策；最后，企业应充分发挥监督作用和治理机制，有效抑制下游客户的财务信息和非财务信息造成的不利影响，同时，政府应当不断完善资本市场信贷体系，提升市场信息透明度，缓解企业融资约束问题，为企业营造良好的生存环境。

第6章 客户风险与投资效率

6.1 引言

我国经济已经从高速增长的阶段过渡到高质量发展的阶段，在此阶段，中国企业在注重创新的同时更要注重资本配置效率。但是目前中国上市公司的资本配置效率低下，普遍存在着投资过度、投资不足等非效率投资行为。企业基于创造价值的需求，应当有效率地进行投资活动，但是在投资活动中常常受到委托代理关系和信息不对称等因素的影响，导致其投资效率经常偏离最优。而中国企业的非效率投资行为可能会造成企业资金链的断裂、股价的下跌，最后甚至使企业陷入破产的困境。

客户作为供应链中的下游企业，是供应商企业现金流和企业价值的源泉。企业与客户在日常交易活动中建立的以贸易往来为基础的商业契约关系，即客户关系，使得客户和供应商企业之间形成了"一荣俱荣，一损俱损"的利益共同体关系（Ute，1991）。客户作为企业重要的外部利益相关者之一，在投入专用性资本的同时也要承担相对应的风险。为了自身的利益，客户通常会选择一定的方式对公司的经营活动、投资活动等施加限制。同时，客户对供应商的选择也起到了一定的信号传递作用，客户质量不仅间接肯定了供应商企业的产品质量，也体现了供应商企业的实力。客户质量的主要决定因素之一是客户能够及时支付货款、履行债务，但是当客户面临财务困境时，它可能单纯从自身利益出发对资源进行重新配置，从而导致客户风险传导到供应商企业上，导致其"资源的可能不匹配"（汪贤裕，2008）。客户风险通过供应链溢出会进一步降低企业资源配置效率，进而导致其投资效率偏离最优水平，引发非效率投资行为。

但是现有文献中，关于客户风险是否会通过供应链加剧供应商企业的非效率投资行为的实证研究还不充分。基于此，本章以 2007～2017 年的中国沪深 A 股 776 对供应商和客户都是上市公司的供应链数据，研究客户风险与供应商企业投资效率之间的关系，并且进一步分析这一影响在客户集中度不同、产权性质不同的供应商企业之间的区别。

本章研究发现：①在供应链上下游关系中，当客户风险较高时，供应商面临着更为严重的融资约束问题，可能被迫放弃潜在回报较大的投资，造成投资不足现象。②客户集中度越高的供应商企业，在面临客户风险的波及时越难以独善其身，即客户风险对投资不足的正向影响在客户集中度较高的供应商企业中表现更为显著。③国有企业之间的供应链关系更加稳定，这种稳定关系可能使得一方在另一方面临困境时无法中止关系来规避风险，在供应商和客户企业均为国企时，客户风险对供应商企业投资不足的影响表现更为显著。

本章可能的研究贡献在于：①从客户这一外部利益相关者的角度出发，

研究客户特征对供应商企业投资效率的影响，丰富了企业非效率投资的影响因素的相关文献。②为供应商客户关系研究提供了更多视角的解释，有助于拓展企业风险通过供应链路径溢出问题的探索，为企业认识供应链风险传染路径，合理规划投资战略，促进企业可持续发展提供启示和参考。

6.2 文献综述和研究假设

6.2.1 文献综述

6.2.1.1 企业非效率投资相关文献

在 Modigliani 和 Miller 提出的完美的资本市场中，企业通过恰当的投资行为可以实现企业价值最大化的目标。然而近年来，已有的一系列研究表明，中国上市公司的投资效率并不高，普遍存在着非效率投资的行为（张纯和吕伟，2009）。

一方面，自由现金流量假说认为当企业有过多的闲置现金，但是成长机会却比较少时，管理层出于扩大权利的需要，可能会采取扩大公司规模、肆意收购资产、多元化经营等措施，进而引发投资过度的倾向。另一方面，由于企业内部管理层与外部投资者之间存在信息不对称，外部融资成本普遍高于内部资金的成本。在这种情况下，管理者为了减少融资成本，可能会降低外部融资的比例，但是当内部资金也不充足时，企业可能被迫放弃潜在价值为正的投资项目，造成投资不足。

现有文献多从内部控制、会计稳健性、会计信息质量、环境不确定性以及非理性心理等角度来探讨其对企业投资效率的影响。李万福等（2011）认为，内部控制质量和企业非效率投资程度呈现负相关关系，即内部控制的质量越高，越能遏制企业的非效率投资行为。在会计稳健性方面，刘红霞和索玲玲（2011）研究发现，会计稳健性能够遏制企业投资过度行为，但是也会加剧企业的投资不足。在会计信息质量方面，李青原（2009）提出会计信息质量越高，企业的投资效率也就越高，因为高质量的会计信息能够有效降低投资决策中的道德风险和逆向选择。在环境不确定性方面，申慧慧等（2012）从融资约束的视角进行研究，结果表明，环境不确定性会导致企业非效率投资。在非理性心理方面，管理层的非理性心理会引发企业投资效率偏离最优情况（叶玲，2013），投资者情绪与企业过度投资之间也呈现显著正相关关系。

6.2.1.2 客户关系相关文献

客户作为企业重要的外部利益相关者之一，客户关系对于企业行为和经济后果的影响越来越受到实务界和学术界的重视。

一方面，密切的客户关系有助于促进信息共享、改善供应链管理效率，进而产生供应链整合效应。但也可能使双方在面临困境时无法独善其身，一旦有一方面临财务困境，就很可能会波及另一方。Cohen 等（2008）发现，主要客户的股票收益率和供应商企业未来的股价存在着一定的关系，如果供应商的主要客户股票收益率较好，那么供应商未来的股价也会上涨，反之亦然。但是，当客户企业陷入财务困境甚至是破产困境时，投资者会选择将客户企业的一部分财务困境成本转移给供应商，让供应商为客户的风险买单，导致供应商企业的股价大幅度下降（Hertzel，2008）。

另一方面，现有研究还发现，客户和供应商之间的紧密关系为投资者、债权人、分析师以及银行等第三方传递了企业财务和非财务信息，进而影响其决策。Kim 等（2015）研究了客户公开的盈余信息对银行与供应商企业之间信贷契约非价格条款的影响。王雄元和高曦（2017）使用事件研究法，发现客户盈余公告不仅对自身的股价波动有影响，而且对供应商企业的股价变化也有影响，并且两者的股价反应呈现出正相关关系，当客户关系越紧密、越依赖时，这种传染效应越强。殷枫和贾竞岳（2017）实证检验了大客户盈余管理与供应商企业非效率投资之间的关系，研究发现大客户的盈余管理行为会促使企业的非效率投资，更进一步，大客户的正向盈余管理会促使供应商的过度投资行为，负向盈余管理会导致供应商企业的投资不足。王勇（2019）考察了客户公开的债务水平信息对供应商企业信贷契约价格条款的影响，研究结果表明，客户的负债水平会影响供应商企业的信贷融资成本，且两者呈现显著正相关关系。

6.2.2 研究假设

客户作为企业重要的外部利益相关者之一，与企业之间通过贸易往来形成了"一荣俱荣，一损俱损"的利益共同体关系（Ute，1991），这种密切关系会使一方在面临困境时，另一方也不能独善其身。客户作为供应链的关键一环，当客户企业陷入财务困境甚至是破产困境时，投资者会选择将客户企业的一部分财务困境成本转移给供应商，让供应商为客户的风险买单，导致供应商企业的股价大幅度下降（Hertzel，2008）。

首先，客户风险会导致供应商企业内源资金不充足。David（2018）指出，当客户面临财务困境，也即客户风险比较高时，客户违反契约的威胁也较高，一旦客户不得不中断交易，可能会造成供应商企业未来现金流量的潜在损失。如果客户无法按期偿还货款或者无力偿还货款，不仅增加了供应商企业的商业期限和坏账风险，而且降低了供应商企业的资金周转效率，最终造成其未来现金流的损失。

其次，客户风险会导致供应商企业面临外部融资约束。客户风险可能通过供应链传染到供应商企业，导致供应商企业的经营和财务状况以及资本结构均受到严重影响，供应商企业的杠杆率可能降低（Demirci，2015），银行对供应商企业提供贷款时也会要求更高的利差、更低的期限或更严格的契约对其进行限制（Campello 和 Gao，2017），供应商企业通过应收账款证券化获得新融资的能力也受到损害（Liu，2017），融资约束进一步加大。综上，如果供应商企业在面临外部融资约束的同时，自身的内部资金也不充足，便要被迫放弃潜在价值为正的投资项目，造成投资不足现象。

最后，客户风险会沿着供应链传导给企业，从而加剧企业风险。当客户经营存在较大的波动时，一方面会导致产品需求的不确定程度增加，迫使企业采取更保守的财务决策去预防风险，另一方面由于客户风险的加剧，会使客户从自身利益出发对资源进行重新配置，将客户风险通过密切的供应链关系传导给供应商企业，加剧资源的不匹配。需求的不确定以及不恰当的资源配置都会对企业未来的战略计划产生负面影响，从而限制其投资规模，造成投资不足现象。由此提出如下假设：

H6-1：客户风险会导致供应商企业的非效率投资，更进一步，非效率投资表现为投资不足。

6.3 研究设计

6.3.1 样本选取和数据来源

本章选取 2007~2017 年沪深 A 股披露前五大客户的名称信息的 15808 家上市公司，其中客户和供应商均为沪深 A 股上市公司的有 1531 对。考虑滞后一期因素的影响，剔除了 ST 和 * ST、金融行业以及财务数据缺失的上市公司，最终得到了 776 组客户和供应商均为上市公司的有效样本。本章对所有连续变量进行上下 1% 的 Winsorize 缩尾处理，以消除极端值对回归结果的影响。前五大客户数据手工收集，其他数据取自 CSMAR 数据库。

6.3.2 模型设定

为了检验本章的研究假设，借鉴陈峻和张志宏（2016）的研究，构建主效应回归模型（6-1）和（6-2），以验证 H6-1，根据客户集中度和产权性质进行分组回归以验证 H6-2 和 H6-3。

$$InvestEff_{i,t+1} = \beta_0 + \beta_1 khRisk_{i,t} + \beta_2 Size_{i,t} + \beta_3 Lev_{i,t} + \beta_4 Cash_{i,t} + \beta_5 Age_{i,t} + \beta_6 Ocf_{i,t} +$$
$$\beta_7 Tac_{i,t} + \beta_8 Share_{i,t} + \beta_9 ROA_{i,t} + \beta_{10} khSize_{i,t} + \beta_{11} khLev_{i,t} +$$
$$\beta_{12} khAge_{i,t} + \beta_{13} khOcf_{i,t} + \varepsilon \tag{6-1}$$

$$OverInvest/UnderInvest_{i,t+1} = \beta_0 + \beta_1 khRisk_{i,t} + \beta_2 Size_{i,t} + \beta_3 Lev_{i,t} + \beta_4 Cash_{i,t} +$$
$$\beta_5 Age_{i,t} + \beta_6 Ocf_{i,t} + \beta_7 Tac_{i,t} + \beta_8 Share_{i,t} + \beta_9 ROA_{i,t} +$$
$$\beta_{10} khSize_{i,t} + \beta_{11} khLev_{i,t} + \beta_{12} khAge_{i,t} + \beta_{13} khOcf_{i,t} + \varepsilon$$

$$\tag{6-2}$$

上述两式中，变量 *InvestEff* 表示企业非效率投资的程度，其值越大，表示投资效率越低；*OverInvest* 和 *UnderInvest* 分别表示企业投资过度与投资不足的程度，其值越大，表示投资过度或投资不足的程度越高；*khRisk* 表示客户风险，其值越大，表示客户风险越高；其余的控制变量定义及说明见表 6-2；此外，还控制了行业和年度。

6.3.3 变量说明

6.3.3.1 非效率投资

借鉴 Richardson（2006）的投资效率预测模型来估计企业的投资效率，参考徐虹（2015）的研究，模型如下：

$$Invest_t = \alpha_0 + \alpha_1 Tobingq_{t-1} + \alpha_2 Lev_{t-1} + \alpha_3 Cash_{t-1} + \alpha_4 Age_{t-1} + \alpha_5 Size_{t-1} + \alpha_6 Return_{t-1} +$$

$$\alpha_7 Invest_{t-1} + \varepsilon \tag{6-3}$$

其中，*Invest* 衡量企业的新增投资，计算方法为：*Invest* =（资本性支出 - 出售长期资产取得的收入）/期初总资产。其中资本支出为现金流量表（直接法）中"购建固定资产、无形资产及其他长期资产的支出"项目。其他变量的定义如表 6-1 所示。

表 6-1 Richardson 投资效率回归模型变量定义

变量	变量定义
Tobinq	Tobin-Q =（每股价格×流通股份数+每股净资产×非流通股份数+负债账面价值）/总资产账面价值
Lev	资产负债率=负债/总资产
Cash	货币资金持有量=货币资金/总资产
Age	上市年限=观测年-成立年

变量	变量定义
Size	企业规模 = log（总资产）
Return	考虑现金红利再投资的股票年度回报率

对模型（6-3）控制行业和年度之后进行 OLS 回归，OLS 估计的残差表示企业未被预期的资本投资，通常，残差大于 0 意味着投资过度，残差小于 0 意味着投资不足，对于残差取绝对值后分别用变量 OverInvest 和 UnderInvest 表示，对全部的残差取绝对值并用变量 InvestEff 表示，代表企业非效率投资的程度。

6.3.3.2　客户风险

已有文献常用的衡量指标包括盈余波动性、股票回报波动性等，由于中国股票市场波动性较大等原因，中国企业风险承担水平广泛采用盈余波动性来衡量。借鉴 John 等（2008）、Boubakri 等（2011）和李文贵（2012）的研究，收益的波动性代表企业风险。本章采用经行业年度均值调整的客户企业 3 年内 ROA 的波动性对客户风险进行衡量，盈余波动性越大，说明企业风险承担水平越高，用 $\partial(khROA_i)$ 表示。即：

$$khRiskT_i = \sqrt{\frac{1}{N-1}\sum_{n=1}^{N}\left(ADJ\_khROA_{in} - \frac{1}{N}\sum_{n=1}^{N}ADJ\_khROA_{in}\right)^2}, \ N = 3$$

$$(6-4)$$

其中，$ADJ\_khROA_{in} = khROA_{in} - \frac{1}{X}\sum_{k=1}^{X}khROA_{kn}$

6.3.3.3　其他变量定义

其他变量定义及详细说明如表 6-2 所示。

表 6-2　变量定义

变量	变量定义
InvestEff	投资效率＝Richardson 回归的残差
UnderInvest	投资不足＝Richardson 回归小于 0 的残差
OverInvest	投资过度＝Richardson 回归大于 0 的残差
khRisk	客户风险＝客户 ROA 的波动性
Size	供应商企业规模＝总资产的自然对数
Lev	供应商资产负债率＝负债/总资产
Cash	供应商货币资金持有量＝货币资金/总资产
Age	供应商上市年限的自然对数
Ocf	供应商经营活动现金流＝经营活动产生的现金流量净额/总资产
Tac	供应商总资产周转率＝营业收入/总资产
Share	供应商股权制衡度＝第二大股东至第十大股东持股比例平方和的自然对数
ROA	供应商总资产收益率＝净利润/总资产
CusConcen	供应商客户集中度，第一大客户销售收入占总销售收入的比重
gysnstata	供应商产权性质，若为国有企业，赋值为 1，否则为 0
khSize	客户企业规模＝总资产的自然对数
khLev	客户企业资产负债率＝负债/总资产
khAge	客户企业上市年限的自然对数
khOcf	客户经营活动现金流＝经营活动产生的现金流量净额/总资产
khnstata	客户产权性质，若为国有企业，赋值为 1，否则为 0

6.4 实证结果和分析

6.4.1 描述性统计

运用软件进行描述统计，主要变量各项指标值如表6-3所示。

表6-3 描述性统计

变量	观测值	最小值	最大值	平均值	中位数	标准差
InvestEff	776	0.0004	0.2494	0.0448	0.0315	0.0447
OverInvest	444	0	0.2752	0.0484	0.0349	0.0456
UnderInvest	332	0.0001	0.3484	0.0415	0.0283	0.0516
khRisk	776	0.0012	0.5423	0.0454	0.0161	0.0898
Size	776	19.591	25.3323	22.1472	21.9994	1.3194
Lev	776	0.0398	1.0168	0.4467	0.4554	0.2188
Cash	776	0.0134	0.7656	0.1846	0.1469	0.1361
Age	776	1.0986	3.2958	2.5766	2.6391	0.4205
Ocf	776	−0.1943	0.217	0.0422	0.0414	0.068
Tac	776	0.1021	2.3865	0.6478	0.5639	0.4004
Share	776	0.0001	0.1052	0.0189	0.0096	0.024
ROA	776	−0.2163	0.2137	0.0419	0.0394	0.0538
CusConcen	776	1.090	69.390	14.0079	9.435	12.625
gysnstata	773	0	1	0.5175	1	0.500
khSize	776	20.532	28.5087	23.9578	23.7818	1.7522
khLev	776	0.1085	0.9486	0.5748	0.5897	0.1635
khAge	776	1.0986	3.4657	2.6263	2.7081	0.4118
khOcf	776	−0.1417	0.2113	0.0574	0.0562	0.0641

续表

变量	观测值	最小值	最大值	平均值	中位数	标准差
khnstata	745	0	1	0.7852	1	0.4109

表6-3中的数据表明：

（1）t+1期过度投资指标OverInvest的均值为0.0484，而最大值高达0.2752，表明我国上市公司存在过度投资问题；t+1期投资不足指标UnderInvest的均值为0.0415，最大值达0.3484，表明我国上市公司投资不足行为比较严重。

（2）总样本为776，其中过度投资的样本为444，投资不足的样本为332，这些数据初步表明我国上市公司普遍存在资本配置效率低下的问题。

6.4.2 回归分析

接下来对收集的主要变量历史数据，运用回归分析可得客户风险对供应商企业投资效率的基本回归结果，如表6-4所示。

表6-4 基本回归结果

变量	$InvestEff_{t+1}$	$UnderInvest_{t+1}$	$OverInvest_{t+1}$
	（1）	（2）	（3）
khRisk	0.046*	0.062**	0.026
	(1.948)	(1.970)	(0.724)
Size	-0.008***	-0.021***	-0.004*
	(-3.729)	(-5.105)	(-1.825)
Lev	0.014	-0.000	0.010
	(1.085)	(-0.025)	(0.561)
Cash	0.020	0.058**	0.000
	(1.247)	(2.462)	(0.006)

续表

变量	InvestEff$_{t+1}$	UnderInvest$_{t+1}$	OverInvest$_{t+1}$
	（1）	（2）	（3）
Age	0.006	0.007	0.001
	（1.135）	（1.147）	（0.095）
Ocf	0.015	-0.039	0.026
	（0.581）	（-1.184）	（0.670）
Tac	-0.007	-0.003	-0.008
	（-1.286）	（-0.411）	（-1.085）
Share	0.064	-0.075	0.098
	（0.982）	（-0.748）	（1.190）
ROA	0.077**	0.047	0.069
	（2.054）	（0.983）	（1.084）
khSize	-0.000	-0.001	0.001
	（-0.044）	（-0.806）	（0.483）
khLev	-0.001	0.010	-0.006
	（-0.046）	（0.570）	（-0.369）
khAge	0.002	-0.003	0.002
	（0.375）	（-0.648）	（0.229）
khOcf	-0.025	-0.035	-0.037
	（-0.997）	（-1.007）	（-0.934）
常数项	0.291***	0.370***	0.300***
	（3.476）	（4.938）	（5.114）
年度	控制	控制	控制
行业	控制	控制	控制
样本量	776	332	444
R^2	0.095	0.250	0.087

注：***、**、*表示1%、5%、10%的显著性水平，括号内为 t 值。

表6-4中，列（1）表示客户风险和供应商企业非效率投资的关系。回归系数为0.046，在10%的水平上显著，可以初步判断客户风险与供应商企业非效率投资是正相关关系，也即客户风险会降低供应商企业的投资效率。列（2）和列（3）区分投资不足组和过度投资组分别汇报了客户风险对投资效

率影响的结果,在过度投资组,回归系数为 0.026,但是不显著。在投资不足组,回归系数为 0.062 且在 5% 的水平上显著,表明客户风险和供应商企业投资不足显著正相关。上述结果说明,客户风险会降低供应商企业的投资效率,更进一步,客户风险会加剧供应商企业投资不足现象,这也验证了 H6-1 的成立。

6.4.3 客户风险对供应商企业投资效率的影响路径

前文指出,客户风险可能会通过加大供应商企业的融资约束或者加大供应商企业的风险来影响供应商企业的投资效率,造成供应商企业投资不足现象。本章参考温忠麟等的中介效应检验程序,分别对上述两种路径进行检验,具体检验步骤如下:

6.4.3.1 融资约束路径

借鉴 Kaplan 和 Zingales(1997)的方法,以我国 A 股上市公司为样本构造 KZ 指数用以衡量企业融资约束状况。具体做法如下:根据公司经营性净现金流(Cash)、股利(Div)、现金持有(Ocf)、资产负债率以及 Tobin Q(TBQ)等财务指标来构建融资约束指数,获取各公司各年度的融资约束状况评分,并以此为因变量,使用顺序逻辑回归模型对 Casht/Sizet-1、Ocft/Sizet-1、Div t/Sizet-1、TBQ、Lev 进行回归,并估算各自变量的回归系数。最后,根据上述回归估计结果估算每家公司的融资约束指数(KZ),KZ 值越大,说明该上市公司的融资约束程度越严重。

借鉴温忠麟等(2004)的研究,以 KZ 指数作为供应商企业融资约束程度,通过以下三个模型,对融资约束的中介渠道进行实证检验。

$$
\begin{aligned}
InvestEff_{i,t+1} = {} & \beta_0 + \beta_1 khRisk_{i,t} + \beta_2 Size_{i,t} + \beta_3 Lev_{i,t} + \beta_4 Cash_{i,t} + \beta_5 Age_{i,t} + \beta_6 Ocf_{i,t} + \\
& \beta_7 Tac_{i,t} + \beta_8 Share_{i,t} + \beta_9 ROA_{i,t} + \beta_{10} khSize_{i,t} + \beta_{11} khLev_{i,t} + \\
& \beta_{12} khAge_{i,t} + \beta_{13} khOcf_{i,t} + \varepsilon
\end{aligned}
\tag{6-5}
$$

$$KZ_{i,t} = \alpha_0 + \alpha_1 khRisk_{i,t} + \alpha_2 Size_{i,t} + \alpha_3 Lev_{i,t} + \alpha_4 Cash_{i,t} + \alpha_5 Age_{i,t} + \alpha_6 Ocf_{i,t} +$$

$$\alpha_7 Tac_{i,t} + \alpha_8 Share_{i,t} + \alpha_9 ROA_{i,t} + \alpha_{10} khSize_{i,t} + \alpha_{11} khLev_{i,t} + \alpha_{12} khAge_{i,t} +$$

$$\alpha_{13} khOcf_{i,t} + \varepsilon \tag{6-6}$$

$$InvestEff_{i,t+1} = \beta_0 + \beta_1 khRisk_{i,t} + \beta_2 KZ_{i,t} + \beta_3 Size_{i,t} + \beta_4 Lev_{i,t} + \beta_5 Cash_{i,t} + \beta_6 Age_{i,t} +$$

$$\beta_7 Ocf_{i,t} + \beta_8 Tac_{i,t} + \beta_9 Share_{i,t} + \beta_{10} ROA_{i,t} + \beta_{11} khSize_{i,t} + \beta_{12} khLev_{i,t} +$$

$$\beta_{13} khAge_{i,t} + \beta_{14} khOcf_{i,t} + \varepsilon \tag{6-7}$$

融资约束路径的检验结果如表 6-5 所示。其中，列（1）表明回归系数在 1% 的水平上显著为正，即在不考虑中介变量的情况下，客户风险会显著导致供应商企业非效率投资。列（2）显示的回归系数为 1.671，在 1% 的水平上显著为正，表明自变量客户风险对中介变量融资约束的影响显著，即客户风险越大，供应商企业的融资约束状况越严重。列（3）表明融资约束的回归系数在 1% 的水平上显著为正，而客户风险的回归系数在 5% 的水平上显著为正，且回归系数小于列（1）中的回归系数，表明部分中介效应成立。说明融资约束是客户风险导致供应商企业非效率投资的影响路径，即客户风险会通过加大供应商企业的融资约束程度，进而导致供应商企业非效率投资。

表 6-5　融资约束的中介效应检验结果

变量	(1)	(2)	(3)
	InvestEff	KZ	InvestEff
khRisk	0.054*** (2.94)	1.671*** (4.24)	0.047** (2.52)
KZ	—	—	0.004*** (2.60)
Size	-0.005*** (-3.15)	-0.337*** (-10.49)	-0.003** (-2.03)

续表

变量	（1）	（2）	（3）
	InvestEff	KZ	InvestEff
Lev	0.017	5.119***	−0.005
	(1.63)	(22.38)	(−0.37)
Cash	0.006	−6.439***	0.035**
	(0.47)	(−21.7)	(1.98)
Age	−0.001	0.507***	−0.004
	(−0.36)	(5.95)	(−0.90)
Ocf	0.041	−10.916***	0.089***
	(1.52)	(−18.96)	(2.73)
Tac	−0.011**	0.098	−0.011***
	(−2.48)	(1.05)	(−2.58)
Share	0.048	−1.648	0.055
	(0.72)	(−1.14)	(0.83)
ROA	0.082**	−3.487***	0.097**
	(2.15)	(−4.25)	(2.53)
khSize	0	0.046**	<0.001
	(0.35)	(1.98)	(0.17)
khLev	0.007	0.186	0.006
	(0.65)	(0.78)	(0.58)
khAge	−0.002	−0.098	−0.002
	(−0.55)	(−1.14)	(−0.45)
khOcf	−0.009	0.475	−0.011
	(−0.33)	(0.82)	(−0.41)
常数项	0.136Z***	5.866***	0.110***
	(3.64)	(7.33)	(2.86)
年度	Yes	Yes	Yes
行业	Yes	Yes	Yes
样本量	771	771	771
R^2	0.0462	0.833	0.037

注：***、**、*表示1%、5%、10%的显著性水平，括号内为t值。

6.4.3.2 企业风险路径

同上，采用经行业年度均值调整的供应商企业 3 年内 ROA 的波动性对供应商企业风险进行衡量，用 gysRisk 表示。

借鉴温忠麟等（2004）的研究，以 gysRisk 作为供应商企业风险的衡量指标，通过以下三个模型，对企业风险的中介渠道进行实证检验。

$$InvestEff_{i,t+1} = \beta_0 + \beta_1 khRisk_{i,t} + \beta_2 Size_{i,t} + \beta_3 Lev_{i,t} + \beta_4 Cash_{i,t} + \beta_5 Age_{i,t} + \beta_6 Ocf_{i,t} +$$

$$\beta_7 Tac_{i,t} + \beta_8 Share_{i,t} + \beta_9 ROA_{i,t} + \beta_{10} khSize_{i,t} + \beta_{11} khLev_{i,t} +$$

$$\beta_{12} khAge_{i,t} + \beta_{13} khOcf_{i,t} + \varepsilon \tag{6-8}$$

$$gysRisk_{i,t} = \alpha_0 + \alpha_1 khRisk_{i,t} + \alpha_2 Size_{i,t} + \alpha_3 Lev_{i,t} + \alpha_4 Cash_{i,t} + \alpha_5 Age_{i,t} + \alpha_6 Ocf_{i,t} +$$

$$\alpha_7 Tac_{i,t} + \alpha_8 Share_{i,t} + \alpha_9 ROA_{i,t} + \alpha_{10} khSize_{i,t} + \alpha_{11} khLev_{i,t} + \alpha_{12} khAge_{i,t} +$$

$$\alpha_{13} khOcf_{i,t} + \varepsilon \tag{6-9}$$

$$InvestEff_{i,t+1} = \beta_0 + \beta_1 khRisk_{i,t} + \beta_2 gysRisk_{i,t} + \beta_3 Size_{i,t} + \beta_4 Lev_{i,t} + \beta_5 Cash_{i,t} +$$

$$\beta_6 Age_{i,t} + \beta_7 Ocf_{i,t} + \beta_8 Tac_{i,t} + \beta_9 Share_{i,t} + \beta_{10} ROA_{i,t} + \beta_{11} khSize_{i,t} +$$

$$\beta_{12} khLev_{i,t} + \beta_{13} khAge_{i,t} + \beta_{14} khOcf_{i,t} + \varepsilon \tag{6-10}$$

企业风险路径的检验结果如表 6-6 所示。其中，列（1）表明回归系数在 10% 的水平上显著为正，即在不考虑中介变量的情况下，客户风险会显著导致供应商企业非效率投资。列（2）显示的回归系数为 0.199，在 1% 的水平上显著为正，表明自变量客户风险对中介变量供应商企业风险的影响显著，即客户风险越大，供应商企业的风险也越大。列（3）表明客户风险的回归系数依然在 10% 的水平上显著为正，但是供应商企业风险的回归系数不显著。无法直接判断供应商企业风险是否具备中介效应，因此需要进一步进行 Sobel 中介因子检验。结果表明，Sobel 中介因子检验的结果并不具备统计学意义的显著性，说明企业风险并不是客户风险导致供应商企业非效率投资的影响路径，即客户风险并不会通过增加供应商企业的风险进而导致供应商企业非效率投资。

表 6-6 企业风险的中介效应检验结果

变量	(1) InvestEff	(2) gysRisk	(3) InvestEff
khRisk	0.046* (1.948)	0.199*** (3.32)	0.046* (1.918)
gysRisk	—	—	0.002 (0.08)
Size	−0.008*** (−3.729)	−0.015*** (−3.514)	−0.008*** (−3.671)
Lev	0.014 (1.085)	0.076** (2.532)	0.014 (1.078)
Cash	0.020 (1.247)	0.062** (2.472)	0.020 (1.235)
Age	0.006 (1.135)	0.019*** (2.970)	0.006 (1.126)
Ocf	0.015 (0.581)	−0.093 (−1.377)	0.015 (0.578)
Tac	−0.007 (−1.286)	0.046*** (3.815)	−0.007 (−1.269)
Share	0.064 (0.982)	−0.114 (−1.181)	0.064 (0.981)
ROA	0.077** (2.054)	−0.168 (−1.195)	0.077** (2.051)
khSize	−0.001 (−0.044)	0.002 (1.200)	−0.001 (−0.048)
khLev	−0.001 (−0.046)	−0.018 (−0.915)	−0.001 (−0.042)
khAge	0.002 (0.375)	−0.002 (−0.253)	0.002 (0.374)
khOcf	−0.025 (−0.997)	0.030 (0.704)	−0.025 (−0.997)
年度	控制	控制	控制

变量	(1)	(2)	(3)
	InvestEff	gysRisk	InvestEff
行业	控制	控制	控制
样本量	776	776	776
R^2	0.157	0.275	0.157

注：***、**、*表示1%、5%、10%的显著性水平，括号内为t值。

6.4.4 关系性质对供应链上客户风险传染效应的影响

6.4.4.1 客户集中度、客户风险与供应商企业投资不足

现有文献已经表明，客户关系的紧密程度会影响供应商企业的财务行为，比如，客户集中度会对企业的现金持有、投资效率、股利分配以及避税行为等诸多方面造成影响。客户集中度越高，供应商也就越依赖该客户，资金回收速度越低（Patatoukas，2012），越可能陷入财务困境（Wang，2012）。如果主要客户选择违约、中断交易，那么问题客户的应收账款将面临无法回收的风险，供应商企业出现坏账的概率大大提高，经营利润和现金流也将大幅度减少（Hertzel，2008），供应商企业可供使用的内源资金进一步减少。此外，投资者和债权人也会察觉到客户集中带来的风险，在提供资金的同时会设置更多的限制、索取更高的风险补偿或者风险溢价，致使供应商企业的外部融资受到更大的约束。由此提出如下假设：

H6-2：相比客户集中度较低的供应商企业，客户风险对客户集中度较高的供应商企业投资不足的正向影响更为显著。

6.4.4.2 产权性质、客户风险与供应商企业投资不足

一方面，国有企业具有天然的资源优势，背后存在着政府的隐性担保，

银行在提供贷款时也更青睐于国有企业，国有企业即使受到客户风险的负面冲击，也可以选择银行贷款弥补资金缺口。但是另一方面，国有企业在受到政府资源支持的同时也会受到诸多干预，国有企业之间的交易可能是政府行为，国有客户和国有供应商企业之间可能由同一个政府控制（陈仕华等，2014）。国有企业之间的供应链关系更加稳定，但是这种稳定的关系也会使国有产权性质的客户在面临财务困境时，国有产权性质的供应商无法通过中止关系来规避风险，不可避免地遭受客户风险的波及。由此提出如下假设：

H6-3：在供应商和企业均为国有产权性质时，客户风险对供应商企业投资不足的正向影响更为显著。

按该供应商企业客户集中度的中位数分为高低组。表 6-7 中列（1）和列（2）的结果显示，客户风险（khRisk$_t$）和供应商企业投资不足（UnderInvest$_{t+1}$）的显著正相关关系只存在于客户集中度较高组，回归系数为 0.068，且在 10% 的水平上显著。说明客户集中度的提高会使供应商企业的外部融资受到更大的约束。也即当客户的重要性和依存性比较高时，客户风险对供应商企业投资不足的影响更强。由此验证了 H6-2 的成立。

按企业产权性质分为国有企业对国有企业组和其他组。表 6-7 中列（3）和列（4）的结果显示，客户风险（khRisk$_t$）和供应商企业投资不足（UnderInvest$_{t+1}$）的显著正相关关系只存在于国有企业对国有企业组，回归系数为 0.061，且在 1% 的水平上显著，说明国有企业之间的关系更稳定，国有供应商企业在面对国有客户的风险时越难以独善其身。也即，在供应商和客户企业均为国企时，客户风险对供应商企业投资不足的影响更强。由此验证了 H6-3 的成立。

客户风险的供应链溢出及经济影响研究

表 6-7　分组样本的差异性检验

变量	UnderInvest$_{t+1}$			
	高客户集中度	低客户集中度	国企对国企	其他组
	(1)	(2)	(3)	(4)
khRisk	0.068*	0.089	0.061***	0.049
	(1.87)	(1.52)	(2.71)	(0.94)
Size	−0.024***	−0.020***	−0.018***	−0.028***
	(−3.92)	(−7.25)	(−4.80)	(−6.54)
Lev	0.033	0.013	−0.012	0.024
	(1.00)	(0.68)	(−0.59)	(1.13)
Cash	0.114***	0.032*	0.072**	0.038
	(3.15)	(1.73)	(2.43)	(1.57)
Age	0.008	0	0.017	0.008
	(0.82)	(−0.04)	(1.40)	(0.90)
Ocf	−0.08	−0.02	0.004	−0.065*
	(−1.48)	(−0.64)	(0.14)	(−1.94)
Tac	−0.008	−0.006	−0.008	−0.002
	(−0.41)	(−1.31)	(−1.53)	(−0.24)
Share	−0.123	−0.037	0.086	−0.194
	(−0.77)	(−0.30)	(0.72)	(−1.59)
ROA	0.101	−0.002	0.099**	0.041
	(1.52)	(−0.05)	(2.27)	(0.86)
khSize	−0.002	0	0.001	−0.002
	(−0.89)	(−0.06)	(1.18)	(−0.90)
khLev	0.044	0.027	−0.001	0.027
	(1.03)	(1.19)	(−0.03)	(1.06)
khAge	0.003	0.002	0.002	0.007
	(0.29)	(0.52)	(0.30)	(1.16)
khOcf	−0.01	−0.032	0.041	−0.019
	(−0.15)	(−0.76)	(1.27)	(−0.46)
常数项	0.443***	0.425***	0.320***	0.620***
	(3.52)	(7.35)	(3.56)	(5.47)
年度	Yes	Yes	Yes	Yes
行业	Yes	Yes	Yes	Yes
样本量	164	168	157	173

续表

变量	UnderInvest$_{t+1}$			
	高客户集中度	低客户集中度	国企对国企	其他组
	（1）	（2）	（3）	（4）
R^2	0.4102	0.4843	0.4818	0.5180

注：***、**、*表示1%、5%、10%的显著性水平，括号内为t值。

6.4.5　稳健性检验

客户风险是本章研究的关键，对其进行稳健性测试是不可或缺的环节。为了验证结论的可靠性，借鉴 John 等（2008）和 Boubakri 等（2011）的方法对客户风险（khRisk）进行衡量，即 3 年期总资产息税前收益率的波动性（VOL_EBIT）和 5 年期 ROA 的波动性。

6.4.5.1　3 年期总资产息税前收益率的波动性（VOL_EBIT）

本章借鉴 John 等（2008）和 Boubakri 等（2011）的方法，采用企业 3 年内的总资产息税前收益率的波动性（VOL_EBIT）衡量企业风险。在计算时，总资产息税前收益率经过行业年度均值调整。VOL_EBIT 越大，企业风险越高。表 6-8 列（1）和列（2）显示：客户风险和供应商企业非效率投资的回归系数为 0.045，在 10% 的水平上显著，客户风险和供应商企业投资不足的回归系数为 0.074，在 5% 的水平上显著。即客户风险会导致企业的非效率投资行为，更进一步表现为投资不足。

6.4.5.2　5 年期 ROA 波动性

本章借鉴 John 等（2008）和盛明泉等（2018）的研究，将观测时段设为 5 年，即使用供应商企业在 5 年内经行业调整的 ROA 的标准差对客户风险进行衡量。表 6-8 列（3）和列（4）显示，客户风险和供应商企业非效率投资的回归系数为 0.042，在 10% 的水平上显著，客户风险和供应商企业投资不足的回归系数为 0.073，在 5% 的水平上显著，即客户风险会导致企业的投资不足。

综上，在进行上述稳健性处理后，本章的主要结论依然显著，即客户风险会导致供应商企业的非效率投资行为，更进一步，客户风险会导致供应商企业的投资不足现象。

表 6-8　稳健性检验

变量	VOL_EBIT		5 年期 ROA 波动性	
	InvestEff_{t+1}	UnderInvest_{t+1}	InvestEff_{t+1}	UnderInvest_{t+1}
	(1)	(2)	(3)	(4)
khRisk	0.045*	0.074**	0.042*	0.073**
	(1.729)	(2.184)	(1.657)	(2.040)
Size	-0.010***	-0.021***	-0.008***	-0.021***
	(-5.231)	(-6.932)	(-3.821)	(-5.358)
Lev	0.011	0.004	0.014	-0.000
	(0.949)	(0.273)	(1.155)	(-0.007)
Cash	0.029**	0.053***	0.018	0.054**
	(2.177)	(3.309)	(1.127)	(2.345)
Age	0.006	0.004	0.005	0.005
	(1.236)	(0.794)	(1.031)	(0.972)
Ocf	0.018	-0.037	0.020	-0.023
	(0.749)	(-1.311)	(0.782)	(-0.699)
Tac	-0.009*	-0.003	-0.007	-0.002
	(-1.950)	(-0.485)	(-1.273)	(-0.366)
Share	0.090	-0.077	0.067	-0.059
	(1.408)	(-0.818)	(1.065)	(-0.604)
ROA	0.073**	0.073*	0.074**	0.044
	(2.299)	(1.869)	(2.001)	(0.944)
khSize	0.002*	-0.001	>-0.001	-0.001
	(1.716)	(-0.489)	(-0.032)	(-0.567)

变量	VOL_EBIT		5 年期 ROA 波动性	
	InvestEff$_{t+1}$	UnderInvest$_{t+1}$	InvestEff$_{t+1}$	UnderInvest$_{t+1}$
	(1)	(2)	(3)	(4)
khLev	0. 009	0. 020	−0. 001	0. 011
	(0. 765)	(1. 127)	(−0. 090)	(0. 632)
khAge	−0. 001	−0. 001	0. 003	−0. 002
	(−0. 202)	(−0. 158)	(0. 624)	(−0. 428)
khOcf	−0. 014	−0. 014	−0. 023	−0. 031
	(−0. 599)	(−0. 488)	(−0. 970)	(−0. 961)
年度	Yes	Yes	Yes	Yes
行业	Yes	Yes	Yes	Yes
样本量	901	419	796	345
R^2	0. 141	0. 305	0. 095	0. 242

注：＊＊＊、＊＊、＊表示 1%、5%、10%的显著性水平，括号内为 t 值。

6.5 研究结论和政策建议

本章通过研究客户风险与供应商企业投资效率之间的关系，得出以下主要结论：①在供应链上下游关系中，当客户风险较高时，供应商在内源资金不充分的同时还面临着更为严重的融资约束问题，可能被迫放弃潜在回报较大的投资，造成投资不足现象；②客户集中度越高的供应商企业，面对融资约束的压力也越大，在客户集中度较高的供应商企业中，客户风险对投资不足的正向影响表现更为显著；③国有企业之间的供应链关系更加稳定，这种稳定关系可能使得一方在另一方面临困境时无法中止关系来规避风险，在供应商和客户企业均为国企时，客户风险对供应商企业投资不足的影响表现更为显著。

本章对证监会和供应商企业具有重要的现实意义。第一，供应商企业必须关注客户风险信号并及早应对，在选择客户时，尽量选择财务状况良好的优质客户，以加强企业之间风险的防御能力；第二，对于供应商企业而言，由于核心客户的风险对投资效率的影响更强，为此，供应商企业需要弱化对核心客户的依赖程度，强化自身的风险抵抗力；第三，由于国有企业之间可能存在政府交易，国有产权性质的供应商企业在选择客户时，可以考虑选择非国有控股的优质客户，在一定程度上规避风险的传递；第四，客户的公开财务信息对于供应商企业和银行等债权人均有一定的信息价值，证监会应当进一步鼓励上市公司披露客户的财务和非财务信息，充分发挥供应链信息对利益相关者的决策作用。

本章也存在一定的局限性，由于非上市公司的具体特征数据难以获得，我们只能选择客户与供应商均为上市公司的样本，本章的样本选择可能存在一定的偏向性，这是此类文献研究设计上的固有缺陷。因此，如何采集非上市客户的具体特征信息是未来可以进一步拓展的研究方向。

第7章 客户风险与商业信用动态调整

7.1 引言

近年来，中国经济高速成长的同时，经济环境也发生着较大的不确定性，尤其在经济下行的大背景下，企业面临着激烈的竞争环境，更加注重供应商、客户间的紧密关系，企业间的竞争进一步转化为供应链间的竞争。2017年国务院办公厅发布《关于积极推进供应链创新与应用的指导意见》，更是首次将供应链关系发展上升为国家战略方向。2020年国家大力推进的"六稳""六保"工作中，稳定供应链关系是至关重要的一环。供应链上的买卖双方常为"一荣俱荣，一损俱损"的利益共同体，客户作为与企业关系紧密的外部利益相关者，是企业至关重要的社会资本，也更易于对企业产生风险传染效应。因此，客户风险对企业的财务状况和战略决策具有重要影响。

已有研究发现，供应链是企业间风险传染的主要路径之一，客户风险会通过供应链渠道对企业产生溢出效应（鲍群和毛亚男，2020），无论是在资本市场的表现（彭旋和王雄元，2018），还是在企业内部的运营（王贞洁和王竹泉，2013）等方面都有所体现。商业信用决策作为企业重要的信用决策（胡泽等，2013），也会受到客户风险溢出效应的影响。企业会权衡提供商业信用的收益与成本，选择目标商业信用供给，企业商业信用供给会围绕着目标商业信用进行动态调整，以保证资源的配置效率。而客户风险对商业信用动态调整行为可能具有两种相反的态度。一方面，当客户风险增大时，企业可能并未为了自身配置效率的提高而加快调整速度，体现了风险共担动机。另一方面，当客户风险增大时，企业可能会为了规避相关风险而加快商业信用的调整速度，体现了企业趋利避害动机。那么，在这个过程中，是否存在目标商业信用值？客户风险如何影响企业商业信用供给调整行为？调整行为体现了风险共担还是趋利避害动机？这些都是亟待检验的问题。

　　与已有研究相比，本章的主要贡献在于：第一，丰富关联企业信用风险传导效应，已有文献主要关注同行业横向传染、资产关联企业间风险传染，未能说明供应链企业间风险传导机制，本章为企业风险的供应链溢出效应提供理论依据和现实参考。第二，从动态视角深入研究企业商业信用供给行为。已有文献大多关注商业信用供给等静态行为，而企业财务决策动态调整行为更能反映出财务行为实质，本章从动态调整的视角的研究结论更具有说服力。第三，证实了供应商和客户联盟竞合关系的存在，已有研究大多将公司看成孤立的个体，对交易企业持有机会主义态度，本章从理论和经验两个方面证实，企业难以在供应商—客户关系中抽离出来，存在竞合并存的关系。

7.2　理论基础和研究假设

7.2.1　目标商业信用供给存在及其动态调整

信贷配给理论给出商业信用出现的原因,若金融机构对公司实施信贷配给,则部分企业恐难获得支持,因此,在这种信贷歧视的环境下,商业信用作为交易过程中的灵活信用手段,广泛存在于中国各企业间(Blasio,2005)。基于买方市场理论,由于买方具备谈判优势,卖方企业出于促销动机会扩大销售。但从供应商能力角度看,需要占用一定量资金,企业需要承担成本(陆正飞和杨德明,2011)。因此,商业信用总成本最小时的商业信用提供数应当是最优值,称为目标商业信用供给。但在实际经营中,企业的实际商业信用供给偏离目标值,主要是因为企业乐于向客户提供商业信用来提升竞争力,稳定与客户的关系,并希望获得超额收益,因此获得利益是企业提供商业信用供给最主要的动力,但商业信用的缺陷在于交易和收款在时间上不一致,并且伴随着高额成本和信用风险,若商业信用大量挤占营运资金,将会产生机会成本,若客户破产违约,基于供应链风险传染效应,企业难以脱身,因此面临信用风险。另外,若上游企业将资金过多地投放于应收账款,会产生额外监督成本。所以对目标是价值最大化的企业来说,不会让商业信用供给长期偏离目标值,企业必定会进行趋向最优商业信用供给的动态调整。基于以上分析,本章提出如下假设:

H7-1:企业存在最优商业信用供给,并向最优商业信用供给调整。

7.2.2 客户风险对商业信用动态调整影响效应

客户面临经营危机或财务危机时，信用风险会沿着供应链在上下游企业间逐渐蔓延，企业需根据外部环境来调整商业信用政策。客户作为企业的重要利益相关者，其与供应商企业往往是"一荣俱荣，一损俱损"的关系（况学文等，2019）。

一方面，良好的客户关系使得供应商愿意与客户共担风险，产生供应链协同效应。下游客户面临较大经营风险或者财务风险时，企业为了保持稳固的客户关系和供应链的正常运作，通常会延缓商业信用动态调整速度，体恤和向客户示好，资源互补，与客户维持联盟竞合的关系，帮助客户渡过难关。这是因为，如果供应商对商业信用的调整幅度过大可能会影响供应链关系，而一旦大客户流失将很难在短时间内开辟新的营销渠道，进而造成销售收入的损失，增加企业的转换成本和调整成本。此外，当失去客户时，供应商和客户之间的关系资本投入会使企业承担更多成本，也会引起调整成本增加。所以供应商可能会出于合作稳固等原因伸出"支持之手"，降低调整幅度，进而降低了调整速度。

另一方面，在风险规避和机会主义的动机下，企业会选择"趋利避害"。供应链是企业间风险传导的重要路径。在客户面临风险时，很大可能会通过供应链将风险传导给供应商企业，企业因此会面临坏账损失和违约风险，造成较高的坏账成本（滕飞和夏雪等，2020）。同时，供应链企业间除了合作关系以外，也存在竞争关系，可能产生"敲竹杠"等机会主义行为。因此企业会出于风险规避原则或者"敲竹杠"等机会主义行为动机，加快调整速度，减少机会成本。基于"风险共担"和"趋利避害"分析，本章提出如下假设：

H7-2a：客户风险越高，企业会基于"风险共担"动机而降低商业信用动态调整速度。

H7-2b：客户风险越高，企业会基于"趋利避害"动机而加快商业信用动态调整速度。

7.2.3　融资约束的调节作用

企业是否加快商业信用动态调整速度，还受其外部的经济环境、市场机制和企业规模等的制约。在众多内外部影响因素中，企业的融资能力、营运资本配置效率等都会受到融资约束水平的牵连。由于企业内外信息不对称现象和资本市场中存在交易费用的原因，企业内外部资本市场的资本成本显然存在差异，企业可能需要支付更高的融资成本进行外源性融资，因而会造成企业自有资金的使用受到限制，这个就是融资约束。基于预防性动机，在资金的使用上，管理层比较谨慎，只有当面临低融资约束水平时，企业才会乐于延缓商业信用调整速度来帮客户渡过难关。基于美国上市公司实证研究，当货币政策紧缩时，融资约束较低的企业不会减少商业信用供给（Choi 和 Kim，2005）。学者还发现，货币紧缩给客户带来风险时，流动性水平较高的企业乐于延缓商业信用供给调整速度（Garcia 和 Montoriol，2013）。基于以上分析，本章提出如下假设：

H7-3：客户风险对商业信用动态调整速度的影响受到企业融资约束程度的约束，融资约束程度较低的企业调整速度更慢。

7.3 研究设计

7.3.1 样本及数据来源

本章以 2006~2019 年沪深 A 股上市公司的面板数据为初始样本，借鉴已有文献的常规做法，对初始样本做了如下处理：①剔除 ST 和金融业的上市企业；②删除前五大客户未披露销售占比的企业；③剔除研究数据缺失的样本；④为了降低极端值对回归结果的影响，本章对所有连续变量进行上下 1% 的缩尾处理。本章数据来自供应商与客户均为上市公司的企业，而且做了供应商和客户年度匹配的数据。手工收集客户相关数据，其他数据源于 CSMAR 数据库。经过以上筛选，最终得到 935 组供应商—客户——匹配公司年数据。

7.3.2 变量定义与模型设定

商业信用供给衡量企业的商业信用政策，代表企业向客户提供的商业信用规模，借鉴 Garcia 和 Martinez（2010）的方法，用应收账款和营业收入之比衡量该指标。最优值及其调整速度，借鉴黄继承（2014）的研究，用商业信用供给目标值预测的固定效应模型和标准的调整模型来估计。选取一系列与商业信用供给相关的公司特征变量，控制年限和行业，进行线性拟合目标商业信用供给，如下：

$$Crsu_{i,t}^* = \alpha_1 Cocy_{i,t-1} + \alpha_2 Growth_{i,t-1} + \alpha_3 Gprof_{i,t-1} + \alpha_4 Cflow_{i,t-1} + \alpha_5 Stlev_{i,t-1} +$$

$$\alpha_6 Size_{i,t-1} + \alpha_7 Age_{i,t-1} + \alpha_8 Prod_{i,t-1} + \alpha_9 Gprof_{i,t-1}^2 + \alpha_{10} Age_{i,t-1}^2 \quad (7-1)$$

式中，$Crsu_{i,t}^*$ 表示公司 i 在 t 年的目标商业信用供给。公司特征变量分别是：商业信用的占有（$Cocy$）、企业成长性（$Growth$）、利润率（$Gprof$）、现金流（$Cflow$）、短期债务水平（$Stlev$）、企业规模（$Size$）、成立年限（Age）、产品质量（$Prod$）。各变量的具体计算方法如表 7-1 所示。将模型(7-1)拟合出的目标商业信用供给代入模型（7-2）：

$$Crsu_{i,t} - Crsu_{i,t-1} = \beta(Crsu_{i,t}^* - Crsu_{i,t-1}) + \varepsilon_{i,t} \quad (7-2)$$

其中，$Crsu_{i,t}$ 表示公司 i 在 t 年末实际商业信用供给，$Crsu_{i,t-1}$ 表示公司 i 在 $t-1$ 年末实际商业信用供给，$Crsu_{i,t} - Crsu_{i,t-1}$ 记为 $DCrsu_{i,t}$，表示企业 i 在 t 年的实际商业信用调整速度。$Crsu_{i,t}^* - Crsu_{i,t-1}$ 记为 $DMCrsu_{i,t}$，表示企业 i 在 t 年的实际商业信用供给偏离程度。重点关注回归系数 β，它的含义是公司实际商业信用供给与目标商业信用供给之间的差距以平均每年 β 的速度变化，称为企业主动进行商业信用动态调整的速度。模型（7-2）也可以写为：

$$Crsu_{i,t} = (1-\beta) Crsu_{i,t-1} + \alpha_1\beta Cocy_{i,t-1} + \alpha_2\beta Growth_{i,t-1} + \alpha_3\beta Gprof_{i,t-1} +$$

$$\alpha_4\beta Cflow_{i,t-1} + \alpha_5\beta Stlev_{i,t-1} + \alpha_6\beta Size_{i,t-1} + \alpha_7\beta Age_{i,t-1} + \alpha_8\beta Prod_{i,t-1} +$$

$$\alpha_9\beta Gprof_{i,t-1}^2 + \alpha_{10}\beta Age_{i,t-1}^2 + \varepsilon_{i,t} \quad (7-3)$$

模型(7-3)进行回归得到($1-\beta$)和 $\alpha_1\beta$ 至 $\alpha_{10}\beta$ 的值，从而得到 $\alpha_1 \sim \alpha_{10}$。接着将 $\alpha_1 \sim \alpha_{10}$ 代入模型(7-1)，即可得到目标商业信用供给 $Crsu_{i,t}^*$ 的值。

最后借鉴安素霞和刘来会（2020）的研究，将计算得到的 $Crsu_{i,t}^*$ 代入模型（7-2），通过在模型（7-2）中添加客户风险与商业信用供给偏离程度的交互项，便可考察客户风险对商业信用动态调整速度的影响。模型设定如下：

$$DCrsu_{i,t} = (\lambda + \lambda_1 Z\text{-}score) \times DMCrsu_{i,t} + \varepsilon_{i,t} \quad (7-4)$$

其中，本章借鉴 Zhang（2010）的做法，Z 指数（Z-score）描述企业破产概率。Z-score = 1.2×营运资金/总资产+1.4×留存收益/总资产+3.3×息税前利润/总资产+0.6×股票总市值/负债账面价值+0.999×销售收入/总资产。Z 指数越小，企业破产可能性越大，即风险越大。λ_1 衡量客户风险对商业信用动态调整速度的影响。若 λ_1 显著为正（负），则表明客户风险显著降低（提高）商业信用动态调整的速度。

表 7-1　变量定义表

变量名称	变量符号	变量定义
实际商业信用供给	Crsu	应收账款期末余额/销售收入
实际商业信用供给调整	DCrsu	$Crsu_{i,t} - Crsu_{i,t-1}$
商业信用供给偏离程度	DMCrsu	$Crsu_{i,t}^* - Crsu_{i,t-1}$
Z 指数	Z-score	计算方法见解释变量
商业信用的占有	Cocy	应付账款期末余额/销售收入
企业成长性	Growth	销售收入增长率
利润率	Gprof	（营业收入-营业成本）/营业收入
现金流	Cflow	经营活动产生现金流量净额/销售收入
短期债务水平	Stlev	短期借款/销售收入
企业规模	Size	总资产的自然对数
成立年限	Age	（成立年限+1）的自然对数
产品质量	Prod	销售收入/（总资产-应收账款）

7.4 实证分析与结果

7.4.1 描述性统计

实际商业信用供给调整（DCrsu）的均值为 0.0154，标准差为 0.0798，商业信用供给偏离（DMCrsu）的均值为 0.1546，标准差为 0.2090，表明样本公司商业信用供给偏离目标的程度和趋向目标商业信用供给的幅度都偏小，但分布比较广泛。实际商业信用供给（Crsu）的均值为 0.2219，标准差为 0.2316，表现出我国上市公司的实际商业信用供给处于中等水平。这与孙兰兰和王竹泉（2016）的研究结果一致。研究企业的客户破产指数 Z 的均值为 1.5459，标准差为 0.8176，破产分界线为 1.8，因此客户风险较大。

表 7-2 描述性统计

变量	观测值	平均值	标准差	最小值	中位数	最大值
Crsu	25050	0.2219	0.2316	0.0002	0.1528	1.2341
DCrsu	941	0.0154	0.0798	−0.2880	0.0044	0.3346
DMCrsu	941	0.1546	0.2090	−0.7801	0.2048	0.4192
Z−score	935	1.5459	0.8176	−2.4387	1.4676	9.2000
Cocy	25050	0.1744	0.1522	0.0051	0.1342	0.9749
Growth	25050	0.2042	0.8649	−0.9751	0.1045	6.1707
Gprof	25050	0.2738	0.1708	−0.0310	0.2403	0.8224
Cflow	25050	0.0856	0.2017	−0.8579	0.0763	0.7518
Stlev	25050	0.2402	0.3201	0.0000	0.1404	2.0718
Size	25050	21.9235	1.3095	19.1204	21.7527	25.8881

变量	观测值	平均值	标准差	最小值	中位数	最大值
Age	25050	2.6721	0.4010	1.3863	2.7081	3.4340
Prod	25050	0.7604	0.5638	0.0621	0.6233	3.3249

7.4.2 回归分析

7.4.2.1 目标商业信用供给存在及其调整检验

表7-3给出了商业信用政策局部调整模型的回归结果。由表7-3可知，$1-\beta=0.519$，$\beta=0.481$，β越接近于1，调整速度越快，我国沪深A股上市公司商业信用政策的调整速度为0.481，且在1%的水平上显著。所以，企业目标商业信用供给存在得到检验，并且企业每年的商业信用供给确实在往目标值调整，因此H7-1成立。

表7-3 目标商业信用回归结果

变量	$Crsu_{i,t}$
Crsu	0.519*** (32.85)
Cocy	-0.056*** (-3.54)
Growth	-0.007*** (-5.75)
Gprof	0.082** (2.10)
Cflow	-0.038*** (-4.67)
Stlev	-0.007 (-1.13)

续表

变量	Crsu$_{i,t}$
Size	0.007***
	(2.82)
Age	0.030
	(0.77)
Prod	0.009**
	(2.36)
Gprof	-0.020
	(-0.40)
Age^2	-0.010
	(-0.77)
常数项	0.004
	(0.04)
年度	Yes
行业	Yes
样本量	25050
R^2	0.364

注：***、**和*表示1%、5%和10%的显著性水平，括号内为t值。

7.4.2.2　客户风险与商业信用供给动态调整

表7-4汇报了对模型（7-4）进行估计得到的结果，表7-4的列（1）显示上市公司i在t年实际商业信用供给调整速度DCrsu$_{i,t}$与t年初的商业信用供给偏离程度DMCrsu$_{i,t}$之间显著正相关，结果显示符合动态权衡理论，研究企业的商业信用供给确实向目标商业信用供给方向调整。列（2）不难看出，DMCrsu×Z-score系数为正，在5%的水平上显著，说明Z指数越小，商业信用供给调整速度越慢，即客户风险越高，商业信用动态调整速度越慢，H7-2a得到证实。表明供应链企业间存在支持之手，且积极的"支持效应"占主导地位，供应商和客户倾向于"风险共担"。供应商企业与下游客户基于未来收益而合作，因此企业不会因为客户面临风险而独善其身，消极的

"掠夺效应"受到供应链关系的监督，"趋利避害"的机会主义行为受到约束。

7.4.2.3 融资约束的调节作用

借鉴黄继承（2016）的研究，在模型（7-4）的基础上加入融资约束，模型设定如式（7-5）所示：

$$DCrsu_{i,t} = (\lambda + \lambda_1 Z\text{-}score + \lambda_2 Z\text{-}score \times SA + \lambda_3 SA) \times DMCrsu_{i,t} + \varepsilon_{i,t} \tag{7-5}$$

其中，SA 为融资约束水平，借鉴李振东和马超（2019）的研究，$SA=-0.737 \times Size + 0.043 \times Size2 - 0.04 \times age$，$Size$ 为公司规模，age 为成立年限。构造 SA 与 $DMCrsu \times Z\text{-}score$ 的交乘项，用 $DMCrsu \times Z\text{-}score \times SA$ 表示。此模型中，$DMCrsu \times Z\text{-}score$ 的系数显著为正，$DMCrsu \times Z\text{-}score \times SA$ 的系数显著为负，则表明融资约束削弱客户风险对商业信用动态调整速度的负向影响，回归结果见列(3)，因此 H7-3 成立。

表 7-4 客户风险与商业信用动态调整回归结果

变量	（1）	（2）	（3）
DMCrsu	0.550*** (14.28)	0.504*** (11.46)	0.478*** (5.30)
DMCrsu×Z-score		0.052** (2.13)	0.341*** (5.03)
DMCrsu×Z-score×SA			-0.057*** (-4.40)
DMCrsu×SA			-0.006 (-0.27)
常数项	-0.134* (-1.74)	-0.151** (-1.97)	-0.180** (-2.39)
年度	Yes	Yes	Yes
行业	Yes	Yes	Yes
样本量	941	935	935

变量	（1）	（2）	（3）
R^2	0.408	0.414	0.446

注：＊＊＊、＊＊和＊表示1%、5%和10%的显著性水平，括号内为t值。

7.4.3 稳健性检验

为了确保结论的可靠性，考虑到中国股票市场波动性较强，故采用股票收益率波动性指标重新衡量企业风险，进行稳健性检验。经检验，替换后的客户风险使得回归结果与前文保持一致，因此结论具有稳健性。

7.5 结论与启示

本章从供应商和客户为"一荣俱荣，一损俱损"的利益相关者角度出发，以2006~2019年我国沪深A股935组供应商—客户——匹配的公司年面板数据为研究样本，基于动态匹配视角和权衡理论，实证研究了客户风险对企业商业信用动态调整速度的影响。构建了客户风险与商业信用动态调整速度的研究模型，研究主效应，并考察融资约束程度对二者之间的影响。研究结果表明，客户风险越高，企业为了维护供应商—客户关系，会减慢商业信用动态调整速度，帮客户渡过困境。基于预防性动机，在资金的使用上，管理层比较谨慎，只有外部融资约束水平较小时，企业才会乐于延缓商业信用调整速度来帮客户渡过难关。

为了更深一步活跃于商业信用市场，基于本章的研究结论，可得出下述启示：第一，从商业信用管理角度，积极发挥公司能动性，对于战略决策者而言，要尽量往目标商业信用供给靠拢，必要时辅以相应的配套措施来缓解客户风险所带来的不利影响。另外，企业融资约束水平作为一种重要调节效应，可以缓解客户风险对企业商业信用供给调整速度的作用，促进供应链的发展。第二，从企业间关系管理角度，充分发挥企业的监督作用和治理机制，企业是商业信用的提供者，企业与下游客户之间要增进信息沟通，积极开展以联盟竞合为前提的合作，下游客户作为企业关键的利益相关者之一，其财务信息和非财务信息在一定程度上不利于上游企业经营和业务扩展的决策行为，监督能有效抑制客户带来的不利影响，也能积极调动客户的危机意识。第三，政府等有关部门应该出台有效的法律法规，用来加强企业自愿披露商业信用政策等战略决策的力度，更深层次提升资本市场中信息的透明度，对企业在面对客户风险时的战略决策行为进行监督。此外，政府应当不断完善信贷体系，丰富上游企业融资渠道，为企业营造良好的生存发展环境。

第8章 研究结论与政策建议

8.1 主要研究结论

本书以利益相关理论、资源依赖理论、风险传染理论、信息不对称理论、关系专用性投资理论为基础，利用手工搜集的 2007~2021 年 A 股沪深两市上市公司的供应商、客户数据，实证检验企业客户风险的供应链溢出效应，以及企业投融资行为、商业信用调整行为产生的经济后果，并在此基础上探讨企业的客户特征、市场特征及宏观环境等因素的调节作用。本书研究得出了以下主要结论：

第一，在供应链上下游关系中，当客户存在较高的经营风险时，这一负面冲击会传导至供应商企业，导致供应商企业的风险加剧，即客户风险对供应商企业风险具有溢出效应。该溢出效应在客户集中度较高以及非国有企业中表现更为显著。第二，客户风险会加剧供应商企业外部融资约束水平，主要通过降低供应商经营能力以及关系专有资产抵押价值影响供应商企业信用风险所导致。宽松的货币政策和行业竞争力减小时会缓解客户风险对供应商企业外部融资约束的负面效应。第三，基于供应链风险溢出效应，客户风险会降低供应商企业风险承担能力，从而导致其投资不足。当客户集中度越高以及供应商和客户企业均为国企时，客户风险对投资不足的正向影响表现更为显著。第四，企业存在最优的商业信用供给，并向最优商业信用供给调整。客户风险越高，企业会基于"风险共担"动机而降低商业信用动态调整速度。当外部融资约束水平较小时，企业更愿意延缓商业信用调整速度来帮客户渡过难关。

8.2　政策建议

近年来，我国产业链供应链脆弱性凸显，安全稳定面临不少困难和挑战。企业与下游客户的合作关系在产业链供应链网络中变得日益紧密，使得下游客户受经营风险影响时，上游企业往往难以"独善其身"。因此，在"补链、强链"过程中，聚焦来自供应链上下游的风险点，形成预警防范意识，不仅是提高企业自身抗风险能力的基础，也是强化供应链韧性，实现上下游、产供销的有效衔接，畅通国内大循环的重要保障。因此，本书提出以下建议：

从企业角度出发，第一，供应商企业应重视客户资源，提高客户管理水平，关注客户风险信号并及早应对，在选择客户时，尽量选择财务状况良好的优质客户，弱化对核心客户的依赖程度，以加强供应商企业的风险防御能力。第二，企业在进行投融资决策时，不仅要关注宏观经济政策和企业内部治理结构，更要考虑关联企业间公开信息和私有信息的影响，特别是上下游企业风险信息，以提高企业投融资效率。第三，从企业间关系治理角度出发，企业应充分发挥监督作用和治理机制，增进上下游之间的信息沟通，积极开展以联盟竞合为前提的合作，有效抑制客户带来的不利影响。

从政府角度出发，第一，客户的公开财务信息对于供应商企业、银行等利益相关者具有一定的信息价值，证监会应当出台有效的法律法规，进一步鼓励上市公司披露客户的财务和非财务信息，更深层次提升资本市场中信息的透明度，充分发挥供应链信息对利益相关者的决策支持作用。第二，政府应不断完善资本市场信贷体系建设，加大多层次资本市场建设力度，提升市场信息透明度，拓宽企业的融资渠道，从而缓解其融资约束问题。第三，加强法制建设，健全法律监督机制，加强法制宣传，强化企业依法合规经营理念，保障企业的合法权益。建立多层次社会信用体系，推进市场诚信体系的建设，完善国家诚信法律制度，加强商业诚信制度的宣传，为企业营造良好的生存环境。

参考文献

[1] 白俊，陈师雯，李云. 客户风险对供应链关系持续性的影响 [J]. 山西财经大学学报，2022，44（10）：98-112.

[2] 白茜，韦庆芳，蒲雨琦，蔡卫星. 产业政策、供应链溢出与下游企业创新 [J]. 南方经济，2023，42（10）：1-23.

[3] 蔡娜，周瑶. 牛鞭效应视角下档案信息资源在需求预测中的应用 [J]. 四川档案，2023（1）：31-33.

[4] 曹海敏，乔毓文. 双碳经济下环境信息披露与商业信用融资——基于供应链集中度视角的研究 [J]. 会计之友，2023（6）：95-103.

[5] 陈峻，王雄元，彭旋. 环境不确定性、客户集中度与权益资本成本 [J]. 会计研究，2015（11）：76-82+97.

[6] 陈胜蓝，刘晓玲. 生产网络中的创新溢出效应——基于国家级高新区的准自然实验研究 [J]. 经济学（季刊），2021，21（5）：1839-1858.

[7] 陈涛琴，李栋栋，洪剑峭. 客户盈余质量与供应商投资效率分析——基于 A 股上市公司的经验研究 [J]. 南开管理评论，2021，24（3）：193-203.

［8］陈运森. 社会网络与企业效率：基于结构洞位置的证据［J］. 会计研究，2015（1）：48-55+97.

［9］陈正林，王彧. 供应链集成影响上市公司财务绩效的实证研究［J］. 会计研究，2014（2）：49-56+95.

［10］程小可，宛晴，高升好. 大客户地理邻近性与企业技术创新［J］. 管理科学，2020（6）：70-84.

［11］程新生，李倩. 客户集中是否影响企业创新？——行业前向关联的视角［J］. 经济管理，2020，42（12）：42-58.

［12］底璐璐，罗勇根，江伟，陈灿. 客户年报语调具有供应链传染效应吗？——企业现金持有的视角［J］. 管理世界，2020，36（8）：148-163.

［13］何捷，陆正飞. 定性的未来供应链风险披露与分析师关注行为研究［J］. 会计研究，2020（6）：36-48.

［14］黄俊，陈信元，张天舒. 公司经营绩效传染效应的研究［J］. 管理世界，2013（3）：111-118.

［15］黄珺，韩菲菲，段志鑫. 大客户地理邻近性是否抑制了公司股价崩盘风险？［J］. 经济与管理评论，2022，38（1）：116-129.

［16］黄秋萍，赵先德，杨君豪，梁超杰. 供应商关系管理中的金融关系行为研究［J］. 南开管理评论，2014，17（4）：66-77.

［17］江瀚. 下游知识溢出对供应商创新绩效的影响分析——基于珠三角272家企业的调查问卷［J］. 江淮论坛，2012（2）：63-68+153.

［18］况学文，林鹤，陈志锋. 企业"恩威并施"对待其客户吗——基于财务杠杆策略性使用的经验证据［J］. 南开管理评论，2019，22（4）：44-55.

［19］李青原，李昱，章尹赛楠，郑昊天. 企业数字化转型的信息溢出

效应——基于供应链视角的经验证据 [J]. 中国工业经济, 2023 (7): 142-159.

[20] 李姝, 李丹, 田马飞, 杜亚光. 技术创新降低了企业对大客户的依赖吗 [J]. 南开管理评论, 2021, 24 (5): 26-39.

[21] 李伟, 王赟, 刘美玲. 客户集中度、市场竞争地位与股价同步性 [J]. 价格理论与实践, 2021 (11): 106-109+198.

[22] 李晓静, 艾兴政, 唐小我. 基于供应链竞争的技术创新价值与溢出效应 [J]. 系统工程学报, 2017, 32 (6): 808-817.

[23] 李艳平, 陈正林, 朱忆琳. 企业供应商、客户关系及供应链整合对现金持有量的影响 [J]. 统计与决策, 2016 (14): 171-174.

[24] 刘晨, 王俊秋, 花贵如. 客户风险会影响企业创新投入吗? ——供应链传染的视角 [J]. 经济管理, 2022, 44 (9): 169-183.

[25] 刘晨, 王俊秋, 邱穆青. 客户年报风险信息披露对企业现金持有决策的影响研究 [J]. 管理学报, 2022, 19 (12): 1863-1873.

[26] 刘胜, 温锡峰, 陈秀英. 供应商数字化与下游客户生产效率——供应链溢出效应的视角 [J]. 华东经济管理, 2023, 37 (8): 23-32.

[27] 卢闯, 崔程皓, 牛煜皓. 控股股东质押压力与商业信用融资——基于质押价格的经验研究 [J]. 会计研究, 2022 (2): 132-145.

[28] 卢继周, 冯耕中, 王能民, 马云高. 信息共享下库存量牛鞭效应的影响因素研究 [J]. 管理科学学报, 2017, 20 (3): 137-148.

[29] 鲁建坤, 赵婧, 李旭超. 僵尸企业、产业链与实体经济的债务风险传导 [J]. 经济理论与经济管理, 2023, 43 (6): 60-72.

[30] 马黎珺, 张敏, 伊志宏. 供应商—客户关系会影响企业的商业信用吗——基于中国上市公司的实证检验 [J]. 经济理论与经济管理, 2016

（2）：98-112.

[31] 马文聪，朱桂龙．供应商和客户参与技术创新对创新绩效的影响[J]．科研管理，2013，34（2）：19-26.

[32] 毛志宏，李燕，金龙，哈斯乌兰．客户资产减值与供应商企业投资[J]．南开管理评论，2021：1-23.

[33] 裴志伟，陈典发．商业信用供给动机影响企业盈利能力的机制与政策建议[J]．现代管理科学，2016（3）：21-23.

[34] 彭旋，王雄元．客户股价崩盘风险对供应商具有传染效应吗？[J]．财经研究，2018，44（2）：141-153.

[35] 邱保印，程博．"手中有粮心不慌"——客户稳定性影响企业会计信息质量吗？[J]．外国经济与管理，2022，44（4）：81-94.

[36] 石晓军，张顺明，朱芳菲．多因素视角下商业信用期限决策的双层规划模型与实证研究[J]．中国管理科学，2008，16（6）：112-122.

[37] 孙小涵，马卫民．考虑牛鞭效应的双渠道供应链定价与投资决策[J]．物流技术，2022，41（12）：84-89.

[38] 唐松，谢雪妍．企业持股金融机构如何服务实体经济——基于供应链溢出效应的视角[J]．中国工业经济，2021（11）：116-134.

[39] 唐跃军．供应商、经销商议价能力与公司业绩——来自2005~2007年中国制造业上市公司的经验证据[J]．中国工业经济，2009（10）：67-76.

[40] 王丹，李丹，李欢．客户集中度与企业投资效率[J]．会计研究，2020（1）：110-125.

[41] 王迪，刘祖基，赵泽朋．供应链关系与银行借款——基于供应商/客户集中度的分析[J]．会计研究，2016（10）：42-49+96.

[42] 王丽丽，陈国宏．供应链式产业集群技术创新博弈分析[J]．中国

管理科学，2016，24（1）：151-158.

[43] 王唯可，李刚．客户会计稳健性与供应商评级、债务成本 [J]．财会月刊，2020（22）：89-97.

[44] 王筱纶，顾洁．企业危机网络舆情的传播路径及其在供应链中的纵向溢出效应研究 [J]．管理科学，2019，32（1）：42-55.

[45] 王雄元，高开娟．客户集中度与公司债二级市场信用利差 [J]．金融研究，2017（1）：130-144.

[46] 王雄元，高曦．客户盈余公告对供应商具有传染效应吗？[J]．中南财经政法大学学报，2017（3）：3-13+158.

[47] 王雄元，彭旋，王鹏．货币政策、稳定客户关系与强势买方商业信用 [J]．财务研究，2015（6）：31-40.

[48] 王雄元，彭旋．稳定客户提高了分析师对企业盈余预测的准确性吗？[J]．金融研究，2016（5）：156-172.

[49] 王永青，单文涛，赵秀云．地区金融发展、供应链集成与企业银行债务融资 [J]．经济经纬，2019，36（2）：133-140.

[50] 王勇．客户负债水平会影响供应商的信贷融资成本吗？——基于制造业上市公司的经验研究 [J]．系统工程，2019，37（2）：106-128.

[51] 向锐，洪镜淳．供应商—客户关系与会计稳健性 [J]．投资研究，2020，39（4）：77-95.

[52] 修宗峰，刘然，殷敬伟．财务舞弊、供应链集中度与企业商业信用融资 [J]．会计研究，2021（1）：82-99.

[53] 徐晨阳，王满．客户集中度改变了公司债务期限结构选择吗——基于供应链风险溢出效应的研究 [J]．山西财经大学学报，2017，39（11）：111-124.

［54］徐可，何桢，王瑞．供应链关系质量与企业创新价值链——知识螺旋和供应链整合的作用［J］.南开管理评论，2015，18（1）：108-117.

［55］徐倩倩，朱淑珍．客户风险信息与供应商企业研发投入——基于供应链信息溢出的视角［J］.技术经济与管理研究，2022（12）：61-66.

［56］徐小晶，徐小林．财政补贴对企业商业信用融资的影响研究——基于新能源汽车补贴退坡政策的实证分析［J］.南开管理评论，2021，24（3）：213-226.

［57］徐晓燕，孙燕红．供应链企业财务困境的传递过程研究［J］.中国管理科学，2008（4）：132-139.

［58］许江波，卿小权．僵尸企业对供应商的溢出效应及其影响因素［J］.经济管理，2019，41（3）：56-72.

［59］杨红丽，陈钊．外商直接投资水平溢出的间接机制：基于上游供应商的研究［J］.世界经济，2015，38（3）：123-144.

［60］杨立和，赵明元，赵艳灵．经济政策不确定性与商业信用供给——基于财务柔性和客户集中度的调节效应分析［J］.会计之友，2023（6）：30-38.

［61］杨志强，唐松，李增泉．资本市场信息披露、关系型合约与供需长鞭效应——基于供应链信息外溢的经验证据［J］.管理世界，2020，36（7）：89-105+217-218.

［62］殷枫，贾竞岳．大客户盈余管理对供应商企业投资的影响研究［J］.审计与经济研究，2017，32（6）：64-78.

［63］殷俊明，罗丹，李争光，熊婷．同舟"共济"还是同舟"共挤"：供应链关系与成本行为［J］.审计与经济研究，2022，37（2）：81-93.

［64］于博，毛龚玄，吴菡虹．客户集中度、融资约束与股价崩盘风险

[J]. 广东财经大学学报，2019，34（5）：62-75.

[65] 于博. 技术创新推动企业去杠杆了吗？——影响机理与加速机制 [J]. 财经研究，2017，43（11）：113-127.

[66] 张耀辉，彭红兰. 需求诱致下的客户参与创新的激励研究 [J]. 中国工业经济，2010（8）：87-96.

[67] 张勇. 金融发展、供应链集中度与企业债务融资成本 [J]. 金融论坛，2017，22（4）：54-67.

[68] 张勇. 客户管理层语调与企业研发投入——来自"管理层讨论与分析"文本的证据 [J]. 会计与经济研究，2023（2）：1-20.

[69] 张志元，马永凡. 危机还是契机：企业客户关系与数字化转型 [J]. 经济管理，2022，44（11）：67-88.

[70] 赵海蕾. 外商企业对中国本地企业的知识溢出效应 [J]. 财贸研究，2002（4）：20-22+53.

[71] 赵秀云，鲍群. 供应商与客户关系是否影响企业现金持有水平——基于制造业上市公司面板数据的实证分析 [J]. 江西财经大学学报，2014（5）：41-48.

[72] 朱芸萱. 供应链集中度与商业信用融资的实证研究 [J]. 现代商业，2022（36）：131-133.

[73] Bao Q, Wang J Y, Xie R, Cai Z Q. Empirical analysis of customer risk and corporate financing constraints based on supply chain networks [J]. Computational Intelligence and Neuroscience, 2022（9）.

[74] Barrot J, Martion T, Sauvagnat J, et al. Employment effects of alleviating financing frictions: Worker-level evidence from a loan guarantee program [Z]. Working Pager, 2020.

[75] Bode C, Wagner S. Structural drivers of upstream supply chain complexity and the frequency of supply chain disruptions [J]. Journal of Operations Management, 2015 (36): 215-228.

[76] Calvo G A, Coricelli F, et al. Growth and volatility in transition countries: The role of credit [R]. CoteSeer, 2004.

[77] Campello M, Gao J. Customer concentration and loan contract terms [J]. Journal of Financial Economics, 2017 (123): 108-136.

[78] Chen C, et al. Linguistic information quality in customers' forward-looking disclosures and suppliers' investment decisions [J]. Contemporary Accounting Research, 2019, 36 (3): 1751-1783.

[79] Chen I J, Paulraj A. Towards a theory of supply chain management: The constructs and measurements [J]. Journal of Operations Management, 2003, 22 (2): 119-150.

[80] Cheng C S A, Eshleman J D. Does the market overweight imprecise information? Evidence from customer earnings announcements [J]. Review of Accounting Studies, 2014, 19 (3): 1125-1151.

[81] Chiu T T, Kim J B, Zheng W. Customers' risk factor disclosures and suppliers' investment efficiency [J]. Contemporary Accounting Research, 2019, 36 (2): 773-804.

[82] Chu Y Q, Tian X, Wang W Y. Corporate Innovation Along the Supply Chain. [J]. Management Science, 2019, 65 (6): 2445-2466.

[83] Cohem L, Frazzini A. Economic links and predictable returns [J]. The Journal of Finance, 2008, 63 (4): 1977-2011.

[84] Dai R, Liang H, Ng L. Socially responsible corporate customers

[J]. Journal of Financial Economics, 2020 (3): 1-27.

[85] Daron Acemoglu, Vasco M. Carvalho, Asuman Ozdaglar, Alireza Tah-baz – Salehi. The network origins of aggregate fluctuations [J]. Econometrica, 2012, 80 (5).

[86] David T. Customer risk and the choice between cash and bank credit lines [J]. The European Journal of Finance, 2022, 28 (2): 159-194.

[87] Durnev A, Mangen C. The spillover effects of MD&A dis closures for re-al investment: The role of industry competition [J]. Journal of Accounting and Economics, 2020 (1): 101-299.

[88] Files R, Gurun U G. Lenders' Response to Peer and Customer Re-statements [J]. Contemporary Accounting Research, 2018, 35 (1): 464-493.

[89] Gosman M, Kelly T, Olsson P, Warfield T. The profitability and pri-cing of major customers [J]. Review of Accounting Studies, 2004, 9 (1): 117-139.

[90] Guan Y, Wong M V F, Zhang Y. Analyst following along the supply chain [J]. Review of Accounting Studies, 2015 (1): 210-241.

[91] Hertzel M G, Li Z, Officer M S, Rodgers K J. Inter-firm linkages and the wealth effects of financial distress along the supply chain [J]. Journal of Finan-cial Economics, 2008, 87 (2): 374-387.

[92] Hofman E, Sertori Y. Financial spillover effects in supply chains: Do customers and suppliers really benefit? [J]. Logistics, 2020 (6): 1-27.

[93] Houston J F, Chen L, Zhu Z. The financial implications of supply chain changes [J]. Management Science, 2016, 62 (9): 2520-2542.

[94] Isaksson O H D, Seifert R W. Quantifying the bullwhipeffect using two

echelon data: A cross industry empirical investigation [J]. International Journal of Production Economics, 2016 (3): 311-320.

[95] Itzkowitz J. Customers and Cash: How Relationships Affect Suppliers' Cash Holdings [J]. Journal of Corporate Finance, 2013 (19): 159-180.

[96] Jacobs B W, Singhal V R. Shareholder value effects of the Volkswagen emissions scandal on the automotive ecosystem [J]. Production and Operations Management, 2020, 29 (10): 2230-2251.

[97] Javorcik B. S. Does foreign direct investment increase theproductivity of domestic firms? In search of spillovers through back ward linkage [J]. American Economic Review, 2004 (3): 605-627.

[98] Jun-Koo Kang, et al. Spillover effects of earnings restatements along the supply chain [C]. The Fifth Annual Research Conference of Chinese Accounting Professors' Association, 2012.

[99] Kale J R, Shahrur H. Corporate capital structure and the characteristics of suppliers and customers [J]. Journal of Financial Economics, 2007, 83 (2): 321-365.

[100] Kim J, Song B Y, Zhang Y. Earnings performance of major customers and bank loan contracting with suppliers [J]. Journal of Banking and Finance, 2015 (59): 384-398.

[101] Kiyotaki N, Moore J. Credit chains [R]. Princeton University Discussion Paper, 1997.

[102] Krolikowski M, Yuan X J. Friend or foe: Customer-supplier relationships and innovation [J]. Journal of Business Research, 2017 (78): 53-68.

[103] Kutsuna K, Smith J K. Supply - chain spillover effects of IPOs

[J]. Journal of Banking and Finance, 2016 (1): 150-168.

[104] Kutsuna, Kenji S, Janet S, Richard Y, Kazuo. Supply-chain spillover effects of IPOs [J]. Journal of Banking & Finance, 2015 (64): 150-168.

[105] Lee C H, Rhee B D. Trade credit for supply chain coordination [J]. European Journal of Operational Research, 2011, 214 (1): 136-146.

[106] Lee C W, Ik-Whan G. Kwon, Dennis S. Relationship between supply chain performance and degree of linkage among supplier, internal integration, and customer [J]. Supply Chain Management: An International Journal, 2007, 12 (6): 444-452.

[107] Li K. Innovation externalities and the customer/supplier link [J]. Journal of Banking & Finance, 2018 (86): 101-112.

[108] Lieberman M B, Demeester L. Inventory reduction and productivity growth: Linkages in the Japanese automotive industry [J]. Management Science, 1999 (4): 466-485.

[109] Liker J K, Choi T Y. Building deep supplier relationship [J]. Harvard Business Review, 2004 (12): 112-124.

[110] Liu L X, Mao M Q, Nini G. Customer risk and corporate financial policy: Evidence from receivables securitization [J]. Journal of Corporate Finance, 2018 (6): 453-467.

[111] Luo S, Nagarajan T Y. Information complementaries and supply chain analysts [J]. The Accounting Review, 2015 (5): 1995-2029.

[112] Nichols B S, Stolze H, Kirchoff J F. Spillover effects of supply chain news on consumers' perceptions of product quality: An examination within the triple bottom line [J]. Journal of Operations Management, 2019, 65 (6):

536-559.

[113] Pandit S, Wasley C E, Zach T. Information externalities along the supply chain: The economic determinants of suppliers' stock price reaction to their customers' earnings announcements [J]. Contemporary Accounting Research, 2011 (4): 1304-1343.

[114] Patatoukas P N. Customer-base concentration: Implications for firm performance and capital markets [J]. The Accounting Review, 2012, 87 (2): 363-392.

[115] Qiu J P, Wan C. Technology spillovers and corporate cash holdings [J]. Journal of Financial Economics, 2015 (3): 558-573.

[116] Raman K, Shahrur H. Relationship specific investments and earnings management: Evidence on corporate suppliers and customers [J]. The Accounting Review, 2008 (4): 1041-1081.

[117] Ruomeng Cui, Gad Allon, Achal Bassamboo, Jan A. Van Mieghem. Information sharing in supply chains: An Empirical and theoretical valuation [J]. Management Science, 2015, 61 (11).

[118] Saito Y, Nirei M, Carvalho V. Supply chain disruptions: Evidence from great Japan Earthquake [R]. PRI Discussion Paper Series No. 16A-15, 2014.

[119] Serpa J C, Krishnan H. The Impact of supply chains on firm-level productivity [J]. Management Science, 2018 (2): 511-532.

[120] Shail Pandit, Charles E. Wasley, Tzachi Zach. Information externalities along the supply chain: The economic determinants of suppliers' stock price reaction to their customers' earnings announcements [J]. Contemporary Accounting Research, 2011, 28 (4).

［121］Tan J S, Cao H J, Kong X T. Do major customers promote firms' innovation? ［J］. China Journal of Accounting Research, 2019, 12 (2): 209-229.

［122］Ute S. Buyer structure and seller performance in US manufactural industries ［J］. The Review of Economics and Statistics, 1991, 73 (2): 277-284.

后　记

这部著作是我所主持的国家社科基金项目"重大突发公共事件下企业供应链风险免疫机制研究"的阶段性总结，在写作过程中，我尽力将自己的所学所悟融入其中，希望能够为读者提供有价值的参考。然而，我也深知自己的知识有限，这部著作难免存在不足之处。因此，我诚挚地希望读者们能够对书中的内容提出宝贵的意见和建议，帮助我不断完善和提高。

多年来，我一直围绕供应链财务相关领域进行学习和研究，有幸得到了许多良师益友的支持和帮助，他们的专业知识和经验让我受益匪浅。首先，感谢我的研究生们，学生们的支持和帮助对我来说是至关重要的，他们以积极的态度和求知欲，参与了我的研究项目，提供了宝贵的观点和数据，为本著作的出版做出了重要贡献。在此，特别感谢毛亚男、汪菊英、王丹丹、张云云、方婷以及李梦寒等对本书所作的贡献。其次，感谢我的同事们，他们的宝贵意见与建议使我不断完善研究成果。再次，感谢我的家人和朋友们，他们一直支持我的学术追求，给予我精神上的支持和鼓励。最后，特别感谢张巧梅等编辑老师，他们的细心、敬业精神让我感动，向他们表示最真挚的感谢和敬意。

鲍　群

2023 年 6 月 2 日